W0063247

Die perfekte Dame

Paula von Reznicek

Die perfekte Dame

Reprint der Ausgabe
Stuttgart 1928

Gondrom

Mit Handskizzen von U. M. Cay, Rudolf Großmann,
Marlice Hinz, Kurt W. Habisch, Erika Plehn u. a.
Die acht farbigen Kunstblätter lieferten Julo Fehr
und Kurt W. Habisch.

Unveränderter Nachdruck der Ausgabe 1928,
Dieck & Co. Verlag, Stuttgart
© by Gondrom Verlag GmbH, Bindlach 1997
Druck und Bindung: Graphischer Großbetrieb Pößneck
ISBN 3-8112-1547-7

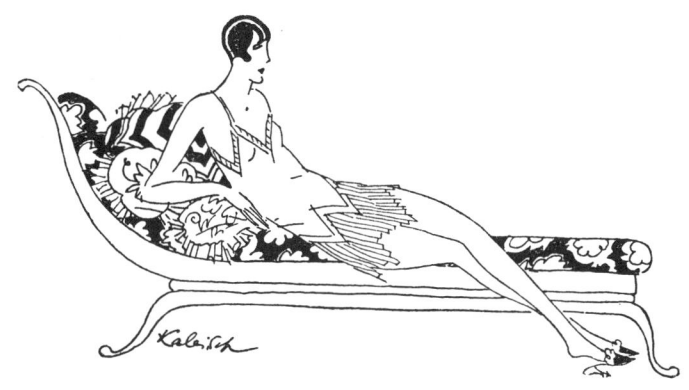

Inhalt:

Gestaltung der Dame

Vom äußerlichen Drum und Dran

Die Wollust der Zunge

Über dem Tempo der Zeit

Der Sport als Mittel zum Zweck

Vom ersten und letzten Schritt der Dame

Gestaltung
der Dame

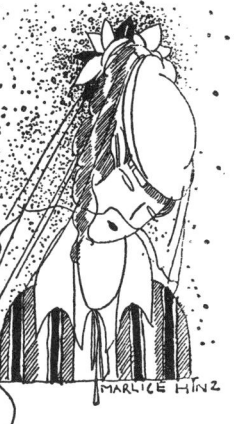

Wandelt sie sich?

Ein Brief.

Unsterbliche Frau — die Majorität aller Lebenden setzt Ihnen einen Grabstein. Vorzeitig sagt man Sie tot: — „Die Dame existiert nicht mehr", heißt es überall. Das Tempo unseres heutigen Seins bedinge ihr jähes Ende. Was die Anmut eines galanten Jahrhunderts, der Liebreiz einer Biedermeierzeit, das Geheimnisvolle eines Mittelalters als Kulissen der großen Frau zu bieten hatten, vernichte sensationslüsterne Realität totgehetzter Tage. Die Wohligkeit majestätischer Ruhe, fraulicher Gelassenheit und tändelnder Unterhaltung sei dahin . . .

Auf zur Kritik! Wie steht es um Sie? Ihr Format war vollendet, ist im Augenblick im Wandel, soll tr fflicher denn je werden.

Ergeben Sie sich nicht! Sich dem Rahmen anpassen, bleibt Gesetz. Die Verbindung vornehmer Tradition mit mondäner Einstellung wird zum Wegweiser.

Nicht jede kann dieses Ziel erreichen. Wer den richtigen Instinkt hat, findet es spielend.

Hand aufs Herz — haben Sie Lust? Folgen Sie mir! Nur keine Angst, reizvoller, als auszudenken, gestaltet sich die unserem Dezennium vorbehaltene:

Auferstehung der Dame!

„Nil mirari"

Nach dem alten Lateiner wörtlich übersetzt: „sich über nichts wundern!" Aber es ist mehr gemeint. Vielleicht klingt Selbstdisziplin zu philiströs und gefällt Ihnen „sich selbst in der Hand haben" besser.

Selbstbeherrschung bis zum Äußersten! Eine Dame ist gegen die Geschehnisse des Lebens gewappnet. Nervenzustände wären bei geringfügigen Gelegenheiten Verschwendung. Deshalb schließt man mit den täglichen Obliegenheiten eine Art Rückversicherung. Kann nicht von ihnen überrumpelt, erstaunt oder niedergeschmettert werden, soweit es sich um Klatsch, verlorene Handtaschen, unzuverlässige Schneiderinnen, unpünktliche Chauffeure, mißlungene Spekulationen auf physischen und psychischen oder finanziellen Gebieten handelt.

Den Mißlichkeiten des Lebens bleibt man überlegen, lächelt höchstens ein wenig mokant, schöpft Erfahrungen, erweitert seine Ansichten, aber verliert nie die Ruhe. Was nicht heute ist, ist morgen — was verpaßt, ist nicht zu ändern, und was unverhofft — kommt oft — nil mirari . . .

Der ausschlaggebende Instinkt.

Alles kann man nehmen und geben, niemals — den Instinkt! Schwer zu definierender Begriff. Mit dem Takt hat er vieles gemeinsam, aber sein Verhältnis zu diesem entspricht dem einer „grande amoureuse" zu einer kleinen Bohémienne.

Takt ist die Klippe des Parvenüs, Instinkt der Fall= strick der Frau. Den Instinktbegabten ohne Erziehung steht die Welt offen — alles ist ihnen erreichbar. Die junge Dame mit bester Kinderstube bleibt niveaulos — ohne Instinkt. Man hat ihn — oder man hat ihn nicht! Mehr läßt sich kaum darüber sagen.

Eine innere Stimme, ein stärkerer Wille, ein zweites Ich — dirigiert: „Tu das, laß dies, jetzt verschwinde, da mußt du hingehen, brich das Gespräch ab, lächle leise, nein, das verstehst du nicht, hier kannst du auf= passen, jene Eigenschaft fehlt dir vollständig, die andern denken das Gegenteil — sei still, darin mußt du dich verbessern, verrate dich nicht, dein Gefühl in Reserve — dein Verstand zuerst, nicht unnötige Hemmungen — aber immer Dekorum, ich wache für dich — gib acht!"

Instinkt ist nicht mit Gewissen zu verwech= seln, er ist amoralisch. Instinkt ist unser auf= richtigster Liebhaber, er entscheidet Lebens= schicksale — nicht unsere leiblichen Freunde!

Die Pflicht zur Individualität.

Es gibt eine Mode, aber keine Tracht. In einem Pensionat ist die Kleidung vorgeschrieben, in der großen Welt wird die Kunst des Anziehens gepflegt. Eines schickt sich nicht für alle, aber jeder hat die Möglichkeit, zu spezialisieren.

Genau dasselbe gilt für die Persönlichkeit der Frau. Eine Dame ahmt nicht nach. Sie erbaut sich an der Originalität der Exotin, der Lebendigkeit der Künstlerin, der Verschlossenheit der Aristokratin, bewundert das unverwüstliche Temperament der Südländerin und die sachliche Gemütlosigkeit eines Sportgirls; aber sie kopiert nicht!

Sie bleibt: sie selbst. Sie kultiviert ihre eigene Note, ihre Stärken, ihre Talente. Sie kreiert ihren Typ, der in den Grenzen vorgeschriebener Gesetze bleiben muß, nicht

ausarten, nicht auffallen darf. Sie outriert nichts — sie gibt sich! Es ist immer noch besser, von ihr zu sagen: „C'est un genre — mais c'est un mauvais genre" — als: „Sie ist gar kein genre" —

Persönlichkeiten setzen sich durch. Imitatoren verblassen. Die Dame weiß genau: Um Gottes willen keine Schablone!!!

Vom Charakter.

Besser einen guten als einen schlechten, besser einen — als gar keinen! Jede Frau will schön sein, sie wünscht, zu gefallen. Vorsicht! — der Charakter ist ein Spiegel — und die meisten verstehen, in ihm zu lesen.

In der Tat: Die Bösartigkeit einer Frau spielt um ihren Mund, der brutale Egoismus leuchtet aus den Augen, mitleidlose Härte zeichnen die Backenknochen, wie viele grausame Händchen werden gedrückt, Kälte liegt auf mancher Haut, Unbeherrschung und Hysterie verraten Füße und Wimpern.

Hütet euch — alles kommt an den Tag — richtiger skizziert: an die Nacht.

Selbsterkenntnis — oft eine große Geschmacklosigkeit — ist ein vortrefflicher Erzieher. An Hand seiner Warnungen modelt man sich langsam um.

Ja, die vollendete Dame ist von angenehmen Eigenschaften durchdrungen; um zu bluffen, ist sie zu gescheit, um zu schauspielern, zu natürlich.

Selbst der Schlaf, der gefährlichste Verräter des Charakters, singt ihr Loblied . . .

Sind Sie snobistisch?

Der Snobismus regiert unsere Zeit. Man spricht so viel über ihn, daß man ihn unwillkürlich pflegt. Und das Sonderbare dabei, daß er von einer großen Anzahl Urteilsfähiger für eine annehmbare — von einem beträchtlichen anderen Teil als eine furchtbare Eigenschaft hingestellt wird.

Abgeleitet von „Snob“, einem Wort, das den englischen Gecken persiflieren soll, ist der Ausdruck „Snobismus“ wohl gleichbedeutend mit: unnatürlicher Eitelkeit, Übertreibung, Geziertheit — er gipfelt, gleich einer Karikatur, in dem Ausruf des Psalmisten: vanitas vanitatum!

Unterdrücken Sie das „Snobtum“ in Ihnen — gnädige Frau! Nicht die Namen Ihrer Gäste auf den Tischkarten sind ausschlaggebend für den Wert Ihrer Persönlichkeit, nicht die teuersten Blumen sind immer die schönsten und die kostbarsten Porzellane die prächtigsten. Sie brauchen sich nicht eines Freundes zu schämen, der keinen Hispano fährt, und wenn statt eines Dieners im englischen Jäckchen und weißer Schürze ein schwarzgekleidetes Mädchen das Frühstück bei Frau Dr. X serviert, so ist sie, trotz gegenteiliger Urteile, absolut gesellschaftsfähig. Ihr Abendkomplet, verehrte Freundin, muß nicht unbedingt 1500 Mark kosten und von Poiret sein, trotz Ihrer verächtlichen Blicke ist der rosa Georgettetraum Ihrer Freundin von einer kleinen Schneiderin für 200 Mark ebenso wirkungsvoll! Seien Sie nicht so snobistisch, machen Sie sich das Leben nicht ungemütlicher und schwieriger, als es ohnedies schon ist.

Aber, verehrte gnädige Frau, seien Sie ein wenig snobistisch in der Auswahl Ihrer Flirts, bei den Erzählungen von Klatschgeschichten und bei allen intimen, persönlichen Angelegenheiten, kurzum — beim Thema: Diskretion! Seien Sie dabei ein bißchen hochmütig, blasiert und zurückhaltend — es kommt Ihnen zugute — jede andere Art Snobismus jedoch überlassen Sie ruhig den weniger gescheiten Evastöchtern . . .

15

... eine vornehme Frau ...

Das größte Kompliment unserer Zeitgenossen: „Eine vornehme Frau!" Obwohl sie kurze Röcke trägt, obwohl sie schon mit Herren allein diniert hat, obwohl sie manchmal richtig ausgelassen ist, obwohl sie mitunter die verfänglichsten Themen berührt, obwohl sie alle Zerstreuungen mitmacht, obwohl sie nichts ganz und vieles halb tut, obwohl sie beim Galaabend in der Botschaft genau so bekannt ist wie beim Katerfrühstück in einem Vorstadtkeller, obwohl sie zu Fußballschlachten und Sechstagerennen geht — obwohl, obwohl, obwohl — ist sie eine vornehme Frau!

Wie macht sie das? Sie macht es gar nicht — sie ist vornehm! Sie ist höflich, liebenswürdig, gleichbleibend, entgegenkommend. Sie fühlt menschlich mit, hilft gern und oft — aber sie vergibt sich nichts. Sie weiß ganz genau, daß Höflichkeit ein Mittel ist, angenehmer zu leben. Ihre gute Erziehung vermehrt noch diese Annehmlichkeiten. Sie ist „bon camarade" mit der ganzen Welt — aber nicht intim. Sie flößt Respekt ein, der sich zur Bewunderung und Verehrung — eventuell Liebe steigern kann.

Wenn die Welt von Ihnen sagt: „Eine vornehme Frau" — dann — sind Sie in der Tat: die auferstandene Dame unserer Tage!

Weinen, Lächeln, Lügen.

Drei nachweislich wichtige Requisiten unserer Schönen! Meist nicht mehr wirksam, da zu stark aufgetragen. „In der Beschränkung zeigt sich erst —" das meiste, nämlich die Wirkung.

Es gibt süße kleine Mädchen, die immer feuchte Augen vorführen, die bei jeder nur möglichen Gelegenheit überlaufen, es gibt noch viel mehr hochgewachsene Schönheiten, die sich das divahafte Lächeln so angewöhnt haben, daß sie selbst bei den schmerzlichsten Gelegenheiten nicht mehr davon ablassen können, und es gibt unzählige fesche junge Damen, die von früh bis abends — lügen müssen! Es mag Gründe geben, die Wahrheit nur mäßig zu lieben; aber sie gar nicht zu beachten, ist ein gefährliches Experiment, und wenn man dann plötzlich die Wahrheit spricht, kommt es nach Oskar Wilde „früher oder später an den Tag"!

Weinen, Lächeln und Lügen sind die sichersten Reserven! Seid sparsam! Eine Träne im richtigen Augenblick erreicht mehr als ein tägliches monotones Weinen, das langweilt, und der Reiz eines seltenen Lächelns überwältigt und begütigt.

Schwieriger ist es mit der Lüge. Wenn man Beleidigungen umgehen, andern nützen und sich selbst Annehmlichkeiten verschaffen kann, sind Höflichkeitslügen (nur von solchen ist hier die Rede!) zu entschuldigen, um so mehr, wenn es in reizender, geschickter, amüsanter, nicht nachzuweisender Form geschieht. Aber es muß nicht unbedingt soweit gehen, wie es eine kürzlich aufgefangene Unterhaltung wiedergibt.

Freundin A: Wieso bist du mit diesem blonden Doktor soviel zusammen? Ich merke doch, wie du dich verstellst, dich zusammennimmst, dir förmlich Gefühle für ihn suggerierst.

Freundin B: Das verstehst du nicht, gut eingeredet — immer noch besser als schlecht empfunden!

17

Ein wirklicher Meister hat Routine.

Anlagen und Talente können sich entwickeln — aber sie bedürfen zu ihrer Vollendung einer Mätresse — die „Routine" heißt.

Man ist leicht geneigt, dieses Wort falsch auszulegen und den „Routinier" als etwas Verächtliches hinzustellen. Das ist unrecht. Routine — anders übersetzt, bedeutet: die in die Praxis übertragene Erfahrung.

Wenn ich zum erstenmal etwas erlebe, wird mein vielleicht sehr starkes Gefühl durch eine Art Unbeholfenheit, die ich zu verbergen suche — beeinträchtigt. Wenn sich eine ähnliche Situation wiederholt, werde ich mich der Sache selbst mehr widmen können, nicht Angst haben müssen, mich falsch oder ungeschickt zu benehmen, und allmählich so zur Virtuosin auf den schwierigsten und verschiedensten Gebieten werden.

Man darf auch Blasiertheit nicht mit Routine verwechseln! Eine blasierte Frau ist meistens reizlos, eine routinierte Frau, deren Empfindungen ebenso stark und aufrichtig wie die einer Achtzehnjährigen sein sollen, kennt Steigerungen, sie paßt sich dem jeweiligen Augenblick feinfühligst an und verschwendet — wenn es darauf ankommt — im vollsten Maße.

Wo Routine und Gefühl Hand in Hand gehen, sind Ratschläge überholt! Aber durch Lesen und Hören, durch Reden und Denken kommt man nicht soweit — es gibt nur eine Lehrmeisterin, die ihres Amtes mit unerhörter Härte und wenigen Anerkennungen waltet, aber sie ist die beste und nicht zu schlagende und nennt sich: Die Schule der Gesellschaft!

18

An den Grenzen . . .

Ein gewagtes Thema — schwer zu be=, noch schwerer zu umschreiben. Wie weit geht die Dame des zwanzigsten Jahrhunderts?

Wenn wir von den bisher besprochenen Eigenschaften den Instinkt, die Vornehmheit, das undefinierbare Lächeln, die Erfahrung und das „Über=der=Situation=Stehen" in unserer Dame vereinigen —, dann kann sie immerhin recht weit gehen, dann hat sie die Grenzen nicht zu fürchten und wird sich sicher mit der richtigen Taktik ihnen nähern.

Überall sind Grenzen, sie umlauern uns auf Schritt und Tritt, mitunter bemerkt man es gar nicht mehr. Und sind es im Augenblick keine, so können es im Handumdrehen solche werden. Hunderte von Fragen tauchen in aller Schnelligkeit auf:

Darf man einen Junggesellen in seiner Wohnung besuchen, darf man auf Ski= und Autotouren allein mit seinem Begleiter im Hotel absteigen, darf man bis spät in die Nacht zu zweit in Lebelokale aller Art gehen, darf man in unpassende Stücke, Filme oder gar — — das tut ja hier nichts zur Sache, kurzum, darf man dort, hier und da allein, mit Begleitung oder über= haupt gesehen werden?

Die innere Sicherheit entscheidet! Wer erst schwankt: „Ob ich wohl, wenn aber, mein Himmel, was würde jene denken . . .", dann begebe man sich schleunigst aus dem Gebiet der Grenzen, dann fliehe man es, dann überlasse man diese Gefahren anderen, bleibe man brav bürgerlich innerhalb der selbstgezogenen Kreise! — Eine ganz große Dame braucht die Grenzen, scheut nicht das Spiel mit dem Feuer und weiß mit Bestimmtheit, daß sie alledem „grenzen"los über= legen ist!

20

Vom äusserlichen
Drum und Dran

Harmonien oder Kontraste?

Wir stellen alles auf die — Wirkung ein, wir schämen uns nicht, das zuzugeben, — im Gegenteil, wir sind stolz darauf! Grundlegende Thesen erleichtern, ein Blick in den Spiegel genügt:

Schwarzes Haar, brauner Teint, dunkle Augen — also Kontraste in den Farben, weiß, creme, rot, goldgelb, alle Rosétöne sind dafür vorteilhaft. Blonder Wuschelkopf — blaue Augen — also helle, weiche Pastelle, bleu, jade, resède, beige und als Extrem: schwarz! Hauchdünne, schwarze Spitzen — wundervoll! Glattes Weiß würde töten und — Rot? Ausgeschlossen!

So muß man wählen, überlegen, ausprobieren. Was dem braunen Pagenkopf schmeichelt, entstellt die Rot=haarige.

Der richtige „Ton" — nicht allein in der Unterhaltung, nein, auch in der Farbe der Kleidung — bildet die unerläß=liche Introduktion zur Modenrevue unserer Dame!

Der Ver„herr"lichung entgegen.

Kein Leugnen hilft, keine Ausflüchte werden geglaubt. Die „Lady up to date" fühlt sich am wohlsten im Sportkleid, im herrenmäßig zugeschnittenen Kostüm, im Filzhütchen, in der Weste mit Krawatte und dem Taschentuch an der Seite.

Ihre Figur hat sich gewandelt — ist knabenhafter, prononzierter, lebendiger geworden. Nun hat sie Anspruch auf anderen Dreß, Schleppröcke und Faltenfahnen hindern ihre Bewegungsfreiheit. Nicht übertrieben, nicht outriert — aber geeignet für ihre hastigen Schritte, ihr Achtzigkilometertempo — ihr jungenhaftes Gesicht.

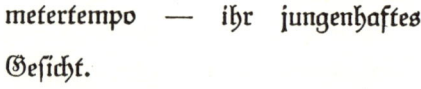

Sie will nicht kopieren oder Rechte fordern. Sie übernimmt das, was ihr steht und zusteht. Dabei wird das notwendige Feminine in der Kleidung nicht übergangen. An Ort und Zeit kommt es bestimmt zur Geltung.

Ein galantes Jahrhundert, das der zwiespältigen Natur der Frauen nicht nur entgegenkommt —, nein, auch ihren verschiedenen Reizen weitestgehend huldigt!

Aber am Abend ...

Im Extrem schwelgen erregt Lustgefühl! Je sachlicher, einfacher, frecher und fescher der „anziehend" gestaltete Tag — desto anmutiger, liebreizender, auf Verführung eingestellter: die Nacht.

Männlich betonte Frauen im Ballsaal sind undiskutabel, sie schaden ihrer Generation und zerstören das, was Jahre aufzubauen bemüht sind.

Gegenüber dem Mann im Smoking, in den Arm des Tänzers im Frack — gehört die Gestalt einer zarten, scharmanten Frau, weich in ihren Gesten, reizvoll und verlockend im Äußeren, naiv oder raffiniert — „gamin" oder groß im Stil — aber: Frau.

Schon der Etonkopf paßt im seltensten Fall zu Lichterglanz und Tanzsaalpracht. Das Jungengesicht in rosa Tüll oder mädchenhaftem Blau ist eine Contradictio in adjectum. Die Ausnahmen, die die Regel bestätigen, sind von kleinster Anzahl.

So sind die Grundbedingungen für die Tanzrobe: Ausgeschnittenes Kleid nach der Mode, möglichst viel echter und möglichst wenig unechter Schmuck — aber auch Steine, die zueinander passen! Smaragde und Rubine um einen Hals — nicht zum Ausmalen! Auch Perlen und Brillanten sind in ihrer Zusammenstellung vorsichtig zu behandeln. Eine einzige Sorte Schmuck schadet nie!

Das Wichtigste beim Tanz ist der Fuß, das Wesentlichste beim großen Kleid der Schuh! Ich sah „Damen", die zum Chiffonkleid Straßenschuhe, hellgelb — mit niedrigen Absätzen — trugen. Es gibt Tänzerinnen, die zu hellem Weiß schwarze Lackschuhe wählen — es gibt noch ganz andere Geschmacksverirrungen, aber es darf nur helle Seiden- oder Brokatschuhe zum Dekolleté geben — und damit: basta!

25

Abendhüllen.

Die großen Modehäuser haben es so gewollt! Man betritt den Festsaal mit Pelz, Cape oder Mantel. Je wertvoller, je kostspieliger das Material, desto besser. Je raffinierter und ausgefallener die Phantasie jeder einzelnen — tant pis — für die „haute couture", tant mieux — pour elle! Ich habe schon angebliche Patouschöpfungen für 50 Mark entstehen sehen — bei Damen von Geschmack — aber nicht alle verstehen etwas davon!

Man will der Frau von heute Gelegenheit geben, durch edle Gesten sich in Szene zu setzen, bildlich gesprochen: „Rad zu schlagen" oder „Volte zu reiten". Im bloßen Abendkleid geht das schwer. Aber im Brokatcapchen, im seidenbestickten Damastmantel mit Zobelbesatz, im Hermelinpelz oder Nerz — im venezianischen Prachtschal, da läßt es sich machen — mit lässigem Gleiten, sanften Wendungen, im Umschlingen und Anlegen, im Abwarten der Sekunde, bis sich alle Augen auf die Trägerin richten: Was für ein Kleid?? — ja, da lassen sich ungeahnte Erfolge erzielen. Dieses kleine Spiel geht nie zu Ende. Ganz sorgsam legt man die Hülle um — dort kommt ein Flirt, der deine Chiffonrobe noch nicht bewundert hat, schwupp — fort mit dem Umhang! Der Tango lockt — „ohne" natürlich, doch an die Bar — „mit" —. Wenn man seine modischen Pflichten absolviert hat, wenn man ein ganz klein wenig müde oder ein ganz klein wenig sensationslustig geworden — dann sind die Abendhüllen Brücken für galante Männerhände, die so gerne die weichen, knisternden Stoffe halten, fühlen und immer wieder streicheln . . .

26

Den ganzen Schrank voll Kleider
und nichts anzuziehen.

Noch um halb vier Uhr steht man händeringend vor dem Kleiderschrank und schwankt hin und her. Ein Jumperkleid zum Bridgetee — scheußlich, das Schwarzseidene ist zu groß, das Braune nicht in Ordnung, das Grüne zum Reinigen, das Blaue nicht gebügelt. — „Ich habe eben einfach nichts anzuziehen! Ich muß mir wieder etwas kaufen, aber ich habe kein Geld" — ist dann der immer wiederkehrende Refrain.

Alles Einteilung — auch die Kleiderfrage. Vielleicht ist der Anzug für die Zeit zwischen vier und acht Uhr am schwierigsten. Doch bei ruhiger Überlegung gibt es eigentlich nur zwei Möglichkeiten: größerer oder kleinerer Tee — zu Hause oder auswärts. Das seidene Komplet, das seidene einfache Plisséekleid, die neue Wollseidenkombination, das fesche Kostüm und über allem der Pelzmantel oder der pelzbesetzte Mantel sind immer annehmbar. Der Hut hat mit dem Kleid zu harmonieren — und sei es lediglich durch ein Band, eine Tönung oder einen Rand. Von besonderer Wichtigkeit: die Fußbekleidung. Im allgemeinen kann man die These aufstellen: zu seidigen Sachen Seiden= oder Lackschuhe — zu Woll= und Cheviotsachen Leder= und Strohgeflechte. Zu einem duftigen seidenen Jumperkleidchen wird eine helle Strandsandale mit Absatz oder ein aparter beigefarbiger Spangenschuh nichts schaden — aber die Frau von Welt trägt ziemlich streng zum Kostüm einen nicht zu hellen Halbschuh, zum Nach= mittagskleid einen etwas ausgeschnittenen Spangen= schuh und am Abend Pumpformat mit Span= gen aus Seide oder Brokat. Regeln über Ab= sätze sind nicht festzulegen. Am Vor= mittag ist der hohe Absatzschuh auf alle Fälle nicht am Platz!

Eine Frau, die von vier bis acht Uhr — „richtig" angezogen ist, braucht um die übrigen zwanzig Stun= den keine Angst mehr zu haben . . .

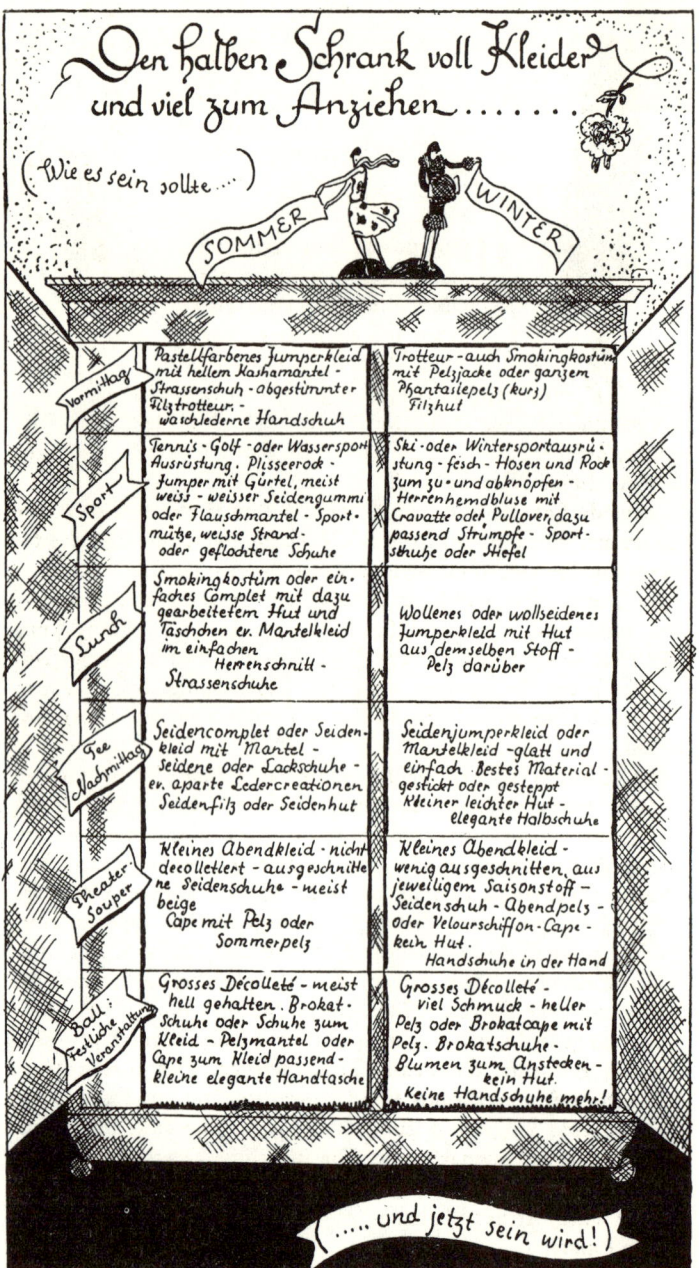

Den halben Schrank voll Kleider und viel zum Anziehen.......

(Wie es sein sollte...)

SOMMER | WINTER

	SOMMER	WINTER
Vormittag	Pastellfarbenes Jumperkleid mit hellem Kasharmantel - Strassenschuh - abgestimmter Filztrotteur - waschlederne Handschuh	Trotteur - auch Smokingkostüm mit Pelzjacke oder ganzem Phantasiepelz (kurz) Filzhut
Sport	Tennis-Golf- oder Wassersport Ausrüstung. Plisseerock - Jumper mit Gürtel, meist weiss - weisser Seidengummi oder Flauschmantel - Sportmütze, weisse Strand- oder geflochtene Schuhe	Ski- oder Wintersportausrüstung - fesch - Hosen und Rock zum zu- und abknöpfen - Herrenhemdbluse mit Cravatte oder Pullover, dazu passend Strümpfe - Sportschuhe oder Stiefel
Lunch	Smokingkostüm oder einfaches Complet mit dazu gearbeitetem Hut und Täschchen ev. Mantelkleid im einfachen Herrenschnitt - Strassenschuhe	Wollenes oder wollseidenes Jumperkleid mit Hut aus demselben Stoff - Pelz darüber
Tee Nachmittag	Seidencomplet oder Seidenkleid mit Mantel - seidene oder Lackschuhe - ev. aparte Ledercreationen Seidenfilz oder Seidenhut	Seidenjumperkleid oder Mantelkleid - glatt und einfach Bestes Material - gestickt oder gesteppt kleiner leichter Hut - elegante Halbschuhe
Theater Souper	Kleines Abendkleid - nicht decolletiert - ausgeschnittene Seidenschuhe - meist beige Cape mit Pelz oder Sommerpelz	Kleines Abendkleid wenig ausgeschnitten, aus jeweiligem Saisonstoff - Seidenschuh - Abendpelz oder Velourschiffon-Cape kein Hut. Handschuhe in der Hand
Ball Festliche Veranstaltung	Grosses Décolleté - meist hell gehalten. Brokatschuhe oder Schuhe zum Kleid - Pelzmantel oder Cape zum Kleid passend kleine elegante Handtasche	Grosses Décolleté - viel Schmuck - heller Pelz oder Brokatcape mit Pelz. Brokatschuhe - Blumen zum Anstecken - kein Hut. Keine Handschuhe mehr!

..... und jetzt sein wird!)

Plehn

Die Trauer
und das Schwarz ...

Achselzucken. Man weiß nicht recht. Darf man schon, oder noch nicht? Muß man ein Jahr? Man kennt sich nicht mehr aus! Wie in allen Dingen des Lebens hat auf die ehemals strengen Trauergesetze auch das Tempo unserer Zeit verändernd gewirkt. Man lebt schneller, leichter, gefahrvoller — was früher ein Jahr bedeutete, sind jetzt Wochen, kaum Monate.

Dennoch hat die alte Tradition — das äußere Zeichen der Trauer um einen nahestehenden Menschen — etwas Ehrfurchtsvolles, mit der man nicht ohne weiteres brechen darf.

In Polen war von jeher „Weiß" die Farbe des Schmerzes. Das unsaubere, unhygienische Schwarz hat aber durch seine Düsterkeit — die Symbolik des Grams — sich überall durchgesetzt. Im Laufe der Zeit werden wohl die Verbindungen von weißem Krepp und schwarzer Seide als Trauerkombination mehr getragen werden.

Die Witwen pflegen heute in tiefem Schwarz mit langem Schleier, weißem Kreppkragen und weißem Kreppstreifen an der Haube, wenigstens ein halbes Jahr zu gehen. Nach einem halben Jahr fällt der lange Schleier fort, und es tritt der schwarze Hut, einfache schwarze Kleidung an deren Stelle. Gegen Ende des Jahres kann man nach Belieben, ohne gegen die äußeren Vorschriften zu verstoßen — dunkle Kostüme und dunkle Kleider mit weißen Seidenkrägelchen tragen. Ähnlich ist es bei der Trauer der Kinder um ihre Eltern. Nach einem halben Jahr ist die tiefe Trauerzeit zu Ende, und eine im großen und ganzen dunkel gehaltene Kleidung entspricht den neuen Trauergesetzen. Bei aller anderen verwandtschaftlichen Trauer sind Schleier unnötig und die schwarze Kleidung eine Frage von Wochen. Allzu strenge äußerliche Konvention ist daher unangebracht. Die innerliche Depression um den Verlust eines Menschen ist entscheidend und oft so nachhaltend, daß sie durch keine Kleidungsfrage der Welt irgendwie gelöst werden könnte.

29

Das
Modellverleihhaus.

Endlich hatte ich Daisy unter vier Augen!

„Sag' mal, Liebes, ich will absolut nicht indiskret sein, im Gegenteil — aber wie wir sehen — du weißt ja — hat dir jemand etwas vermacht, sollte gar ein großes Los — oder nicht auszudenken — ein Freund??? . . ."

„Wieso kommst du darauf?" Daisy lächelte dünn. Ich sprudelte nur so heraus: „Du trägst alle paar Abende ein neues Abendkleid und brillierst in phantastischen Frühjahrskomplets — wechselst mit Jumperkleidern — selbst deine Pelze —" Ich brach gespannt ab. Daisy schien schwer enttäuscht:

„Ach so, du weißt noch nicht — warst bisher nie bei Madame Larosse, die seit einer Woche überrannt wird." . . . Meine Neugierde wuchs: „Schnell, schnell — überrannt — von wem, wozu?" Daisy fuhr langsam fort: „Weil sie ein Modellverleihhaus eröffnet hat." — Ich blickte ahnungslos. Daisy kam mir zu Hilfe.

„Ich gehe sowieso morgen hin, treffen wir uns um drei Viertel elf an der Untergrundbahn."

Bei Madame Larosse.

Zwei blaubefrackte Pagen dienerten tief. „Straße, Ballsaal oder Haus?" fragten sie mich unverständlicherweise, was mich einigermaßen erstaunte. Daisy winkte blasiert ab und wurde von einer alten, aber nicht minder koketten und dicken Dame fast umgestoßen: „Haben Sie schon Ihr Bild vom Presseball gesehen, himmlisch, chérie! Ah, eine Freundin —" und nun umzärtelte sie mich. Allmählich fing ich zu begreifen an. Die moderne Abwechslungslust eleganter Frauen findet hier Befriedigung. Sich mit „fremden Federn zu putzen", ist seit jeher Los vieler Schönen. Das wird hier im weitestgehenden Maße unterstützt und findet — wie erwartet — größten Anklang. Es rauschen Kommerzienrätinnen und Filmdiven, schüchterne Ladies und freche Backfische durch die Flügeltüren. Preislisten liegen wie in der Leihbibliothek auf den Sesseln und Diwans. Annähernd hundert Schränke bergen die verlockenden Schätze stofflichen Glanzes. Selbst Dollarprinzessinnen brauchten nicht lange zu überlegen. Für tausend Mark im Monat können sie zehn noch nie berührte Modelle erstklassiger Firmen zur Schau tragen — Einzelstücke für besondere Gelegenheiten fünf Prozent teurer. In Anbetracht, daß sonst eine derartige Schöpfung sieben= bis achthundert Mark kostet — und auch nicht viel öfter das Licht des Ballsaals erblickt — ist dieses System als „spott= billig" zu bezeichnen! Schon für fünfzig bis achtzig Mark stehen unglaubliche Kombinationen aller Art zur Verfügung, die dann nur ein einziges Mal, in einer anderen Stadt, vorgeführt werden. Am begehrtesten sind unbedingt die laufenden Abonnements; für sechshundert Mark im Monat zwölf Roben zu beliebiger Zeit und zu jedem gewünschten Zweck. Leicht zerrissene oder befleckte Kleider werden speziell berechnet, aber schließlich — mein Gott — Fleckenputzerin und Wäscherei verschlingen eben= soviel!

Parfümdurchrauschte Lüstersäle — in der letzten Kabine ein Photoatelier — immer in Betrieb. Für zehn Mark eine Bildkopie. Frau Direktor F. in einem Sommerhermelin von H., — Star „Pussi=Lussi" in einem Kleopatrabrokat mit Zobelbesatz . . .

Mir schwinden langsam die Sinne. Ich sehe mich für drei= hundert Mark in Breitschwänze gehüllt, von Chanet=Illusionen behangen —, in den Weltzeitschriften als tonangebend — — —

O tempora modernissima! Jetzt werden wir auch bald ein „Flirtverleihhaus" erwarten dürfen . . .

31

Von Mode — Chic und Mannequin.

Was ift Mode? Was ift chic?

Mode ift der fichtbare Ausdruck einer Zeit, eine Kompo= nente von Spekulation, Geschmack und Zufall. Letzten Endes nur ein Wort, für das vergeblich eine Definition gefucht wird. Ein Wort, wie auch „chic" lediglich die Geburt einer Laune ward, denn das kam fo:

In Paris lebte vor Jahren ein Schuhmacher Chiques, ein Meifter feiner Zunft, deffen Schöpfungen, wahre Wunder an Eleganz, von der ganzen Stadt gekauft und begehrt waren. Bei jedem fchönen Schuh pflegten die Pariferinnen zu fagen: „Ah, c'eft comme Chiques."

Chiques verfchied eines Tages, aber fein Name lebte weiter als Bezeichnung für alle fchönen Dinge, die gefielen, und fo entftand: „C'eft chic, c'eft vraiment chic."

„Chic" wurde das Attribut in Modeangelegenheiten und ebenfo unlöslich mit der Mode verknüpft wie der — Mannequin!

Mannequin — Vorführdame, eigentlich viel mehr als Vorführ= dame, denn durch fie werden erft die Phantafiefchöpfungen der Modehäufer zu wirklichem Leben erweckt, fie ift der unentbehrliche Mittler zwifchen zwei Welten: der einen, die, ftets Neues fchaffend, zu lancieren und zu verkaufen fucht, und der anderen, die da kommt, um zu fehen, fich überzeugen zu laffen und zu kaufen.

Am Mannequin will die Dame fehen, wie die modifche Linie befchaffen ift, wie man ge= baut fein foll, um den neuen Kreationen zu entfprechen, wie man das Haar trägt, was der Körper betont oder unbetont laffen foll: kurzum, die Frau von Welt wünfcht Illufionen, fie will fich felbft im Mannequin fehen, damit fie von ihm willig und gern den in Frage kommenden Stil akzeptieren kann.

Um das wiederum zu erreichen, wird der wahre Mannequin daher fich immer auch die große Dame als Vorbild nehmen. Wer diefe Wechfelwirkung richtig erkannt hat, wird fowohl dem Ideal eines Manne= quins als dem einer Dame am nächften kommen!

Die gut Be„hütete".

Mit ernstem Augenaufschlag versicherte eine bezaubernde Blondine ihrer erblassenden Freundin vom Land ins Ohr: „Ohne ein Dutzend Hüte bist du in der Großstadt aufgeworfen..."

Die bezaubernde Blondine ist völlig schimmerlos! Mit drei bis vier Hüten kommt die Dame par excellence aus. Für die Straße der graue, beigerosé oder braun getönte kleine Filztrotteur — der so unerhört kleidsam, unglaublich praktisch —, für den Tee den dunklen seidenen oder Bandhut — und am Abend — wenn überhaupt — (der Hut am Abend ist im Aussterben) wird Chiffon, Samt oder ein Turban aus Brokat, Tüll oder Damast, zum Kleide passend, gewählt.

Nun ja — zwölf Hüte. Man sammelt dies, man sammelt das — warum also nicht Hüte? — Jedoch, die Masse bringt es nicht — sondern Ausführung und Qualität. Das Wesentlichste beim Hut: er muß zu Gesicht stehen, verschönen, verstecken oder hervorheben, ein „formvollendeter" Schmeichler der Anmut sein...

Ihn aufzubehalten, ist heutzutage nie falsch, selbst zum Lunch im fremden Heim ist es kein faux pas, ihn anzulassen — im Restaurant und Café, überhaupt außerhalb des Hauses, gilt er als vorschriftsmäßig und angebracht — nur „heutzunacht" eilen die jungen Damen unseres Jahrhunderts, gänzlich unbe„hütet", wenn auch nicht kopflos, ihrer Wege...

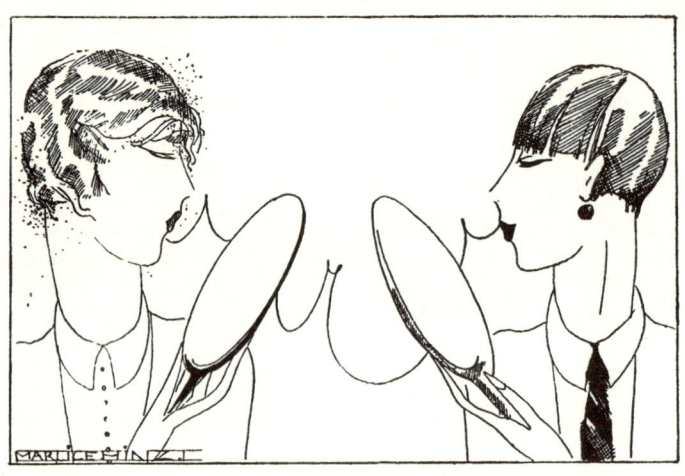

Kurz, lang oder gefärbt?

Die Dame ist sehr nachdenklich geworden. Früher war die Angelegenheit der Haare nicht so diffizil. Sie wägt ab. Natürlich kurzes Haar — zehn Jahre jünger ist ein nie aufzuholender Vorteil, außerdem paßt es zur jetzigen Generation und hat den Vorteil vieler kleiner Veränderungsmöglichkeiten: über die Ohren, Etonschnitt, in der Mitte den Scheitel, Madonnenfrisur, leicht gewellter Krauskopf usw. Aber — mein Himmel — eine jede kann das genau so gut, wohingegen langes Haar . . . aber o weh, der Knoten im Nacken, besondere Note, etwas hinderlich, geht immer auf, Haarnadeln lösen sich in ungeeigneten Augenblicken, Waschen, Trocknen dauert noch länger, um von Wasserwellen ganz zu schweigen . . . vielleicht läßt sich mit kurzem Haar doch mehr erreichen. Frau von X. hat sich vor acht Tagen, ihrer grauen Schläfen wegen, rot färben lassen. Färben — shocking! Nicht zum Ausdenken — allerdings — wenn man hinter die Kulissen sieht, wenn man konstatiert, wer sich alles färben läßt — dann beginnt man anders zu urteilen. Schließlich, das Färben ist anders wie einst. Es gibt Nuancen, die man nicht mehr unterscheidet und die dem Teint so schmeicheln, daß alles entschuldbar ist. — Also was jetzt tun?

Die Dame ist noch nachdenklicher. Überlegt hin und her — geht auf und ab — blättert nervös in Büchern — stutzt und liest: „Die Natur ist doch die größte Kunst", und daraus formuliert sie gewandt: alles, was meiner Natur entspricht, was meinen Typ hebt, und was selbst meinen Gegnern gefällt, ist richtig, vorteilhaft und mir vorbestimmt. Ob „kurz, lang oder gefärbt" ist unwichtig; jedes Mittel heiligt den Zweck: gut auszusehen!

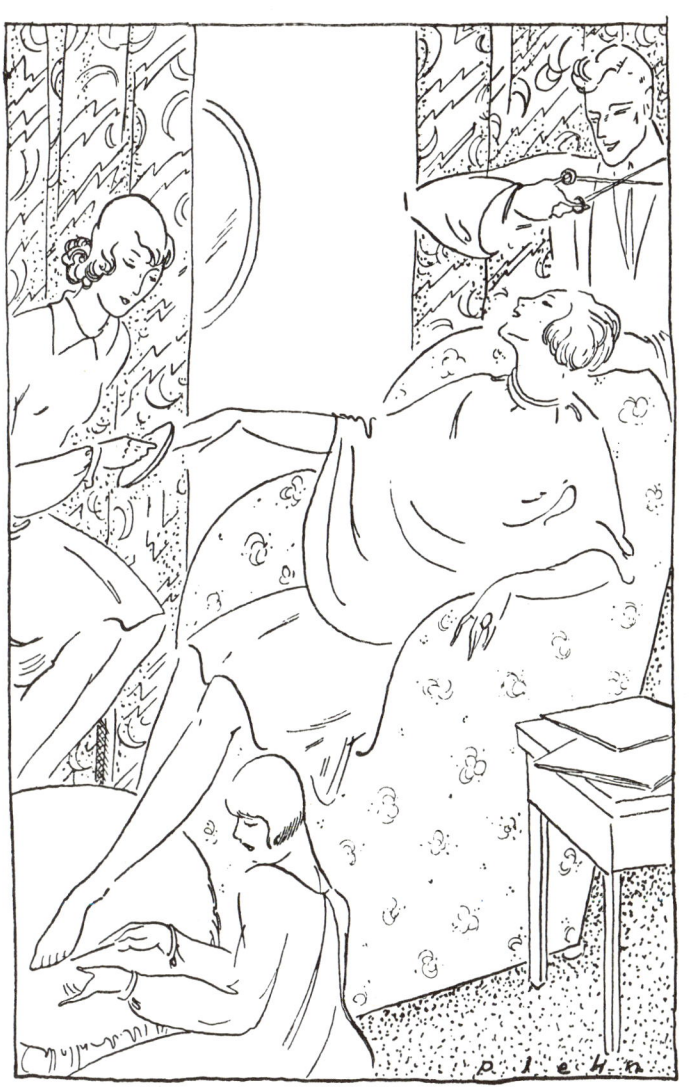

„An den Händen und Füßen . . .

erkennt man den Menschen", behauptet nicht ganz zu Unrecht ein altes Sprichwort, bloß, genauer formuliert, sollte es heißen: An der Pflege der Hände und Füße . . . Rasse ist gegeben, der Knochenbau vorgezeichnet — aber aus der nicht schönen Hand und den nicht vorbildlichen Zehen läßt sich durch liebevolle Behandlung viel umgestalten.

Die Zeithygiene triumphiert. Die manikürten Finger einer jeden Hand können verführerisch sein — vorteilhaft geschnitten, unerhört gepflegt. Der pedikürte Fuß ist Selbstverständlichkeit. Gibt es noch Frauen, welche nicht? Ich hoffe nein — „Oben hui — unten pfui" — entsetzlicher Gedanke!

Der kluge Mann wartet, ehe er den Flirt zuspitzt oder abschwächt, auf — den abgestreiften Handschuh, das unumgängliche Etui einer Frauenhand. Weiches Leder glättet und schützt die Haut — macht die Finger schlank und lang, ist am Tag nach wie vor unentbehrlich — nur auf Reisen dunkel, sonst hell. Der gesteppte „Waschlederne" zum Kostüm, der weiße Glacé, Dänische, Ziege oder Chevreau zum Pelz und Seidenkleid. — Der Abend dahingegen bittet heut die Dame von Welt um das Dekolleté der Hand: Was der Tag verschweigt, der Abend zeigt! —

Wie niederschmetternd wirkt der Anblick einer hübschen, jungen Person mit abgetretenen Absätzen! Fuß und Schuh müssen aufeinander abgestimmt sein, sich ergänzen, um vorteilhaft übereinzustimmen. Ein wenig Sorgfalt, ein wenig Umschau, und der Gesamteindruck gewinnt um 50 Prozent. Der seidige Strumpf zum schlechtsitzenden Schuh schadet mehr — als er nützt!

Gnädige Frau, gedenken Sie unaufhörlich Ihrer Hände und Füße — sie sind die wichtigsten Ihrer „angegliederten" Vertreter, die für Sie „verantwortlich zeichnen"!

Der große Knie=Krieg.

Der bitterste Krieg, der seit langem geführt wird — der sogar ein Weltkrieg geworden ist — tobt: um das Frauenknie! Hier kurz der Heeresbericht:

Erste Offensive in Amerika: Knie frei! Sämtliche Girls, Flappers und Ladies folgten der Parole, outrierten sie, trugen den Strumpf unterm Knie eingerollt. Unterstützung, Munitionszufuhr durch Seidenfabrikanten, phantastische Kriegserfindungen: Blumen am Knie, Pelzstrumpfbänder, Verlängerung der Seidenmaschen nach oben, bis . . . soweit es notwendig war — und es war weit notwendig!

Erster Gegenstoß: Bannfluch höchster Kirchenfürsten Europas. Diskret: Für die Straße bleibt das Knie bedeckt — zum Abendkleid nur bis an die Gefahrzone erlaubt. Punktum!

Sechs Monate später: Stellungskrieg. Tägliche Reflexbewegungen in Untergrundbahnen, Tram, Theaterloge, Hotelhalle: Ostentatives Herabzupfen der Rockrudimente über den Knieschauplatz. Zur Freude der Anwesenden vergeblich. Das Knie setzt sich durch.

Frühjahr: Wuchtige Angriffe. Kerntruppen des Generals Pangalos stürmen in Athen auf die süßen Seidenbeinchen. Zentimetermaß legt sich prüfend rings der Ripskomplets auf dem Boulevard Stadion. Kniefreiheit wird unterdrückt.

Also Kriegslisten! Herrliche Camouflage — das Jalousiekleid! Bei Gefahr herabzulassen. Dazu Transparent, mit Unterzug. —

Entscheidungsschlacht: Das Knie marschiert. Hinter ihm das Heer ungezählter Trabanten. In Floridas Strand, in Miami, Palmbeach. Seidenumhaucht — sinnverwirrend oder rosig leuchtend — meerschaumbespritzt. Waffenstillstand???

38

Hilfstruppen des Gegners ziehen auf. Badekommis=
sare — Strumpfzwang,
Sing=Sing=Drohung.

Noch nicht genug. Ein weiterer Nachstoß.
Spaniens Herrscherin wirft sich selbst in
die Bresche: eine „Jeanne d'Arc des
Knies", todesmutig, in kostbarer Robe
bis zum Knöchel, ihren Untertanen zum Ehrenbeispiel. Schulter an
Schulter hohe Bundesgenossen gegen den Erzfeind: Gott strafe
das Knie. Englands Königshof befiehlt lange Kurkleider.

Knie in Not!

Später. Schlechte Feldzugszeiten. Doch das Seidenknie strafft
sich auf, lugt frech auf Vorposten im Straßengeplänkel, unter
kurzem Herrenjackettanzug. Sport schickt Reservebataillone!!

Jedoch entsetzliche Gefahr im Anzug... Die Mode erklärt Krieg,
selbst in höchster Sorge um ihre Oberherrschaft. Stoffe scheinen
ganz überflüssig. Das Knie besetzt alle rückwärtigen Verbindungen
bis hoch hinauf. Modegeneralmajore, Feldwebel und Truppen
kämpfen in eigener Sache für das bedeckte Knie.

Zu spät — zu spät — Sieg auf der ganzen Linie! Der Feind hat
den Rückzug angetreten, der Rocksaum „den kürzeren gezogen" —
dank standhaften Ringens der Damenwelt von Tokio bis Leningrad.

Stolz wehen die duftigen Siegerfahnen in unseren Farben —
lavendel=rosenholz=abricot — im blauen Frühlingswind. Wohlig
dehnt sich darunter das Knie der Dame unserer Zeit — umkost
von bewunderndem Männerblick, Paar für Paar, eng aneinander=
gepreßt, oben auf dem „bus" — unter flatterndem „Fla=Fla",
wiegend auf freier Terrasse im Grün — oder verlangend im rhyth=
mischen „Black" ...

Siegreich auf weiter Flur — wahrscheinlich für immer — Herr=
scher der Welt — nach Morgenstern: Ein Knie — sonst nichts!"

Gibt es eine Unmoral des Koſtüms?

Der Begriff iſt individuell — die Wirkung definierbar. Gegebene Tatſachen löſen Gefühle, Stimmungen, Anſichten aus, welche zu Auseinanderſetzungen Anlaß geben.

In der Loge, auf dem Sportplatz, im Autobus und im Ballſaal hört man immer wieder Ausſprüche wie: „Frau v. 3. hat aber einen Rückenausſchnitt, welcher mehr als . . .“, „So ein anliegender Sporttrikot wirkt immer anſtändig . . .“, „Bei der Figur von der Geheimrätin würde ich lieber . . .“, „Die Mode in Ehren, aber das kurze Kleid Ihrer Tochter iſt einfach empörend!“

Jeder widerſpricht ſich, ſo gut er kann! Italien geht energiſch gegen die ausgeſchnittenen Nouveautés und phantaſtiſchen Schleiergebilde von Chanel, Patou und Poiret vor, der Duce wünſcht eine eigene Landesmode, währenddeſſen knien in andächtiger Verſunkenheit die tief dekolletierten Principeſſas und Conteſſas, ihrem höchſten Herrn zu Ehren, vor den weihrauchumwobenen Altären, ohne ihre Gewandung aus der Seineſtadt auch nur im geringſten zu berückſichtigen oder zu ändern. Entgegnen ſie doch, bezüglich aller kürzlichen Mahnung — ſchwer widerlegbar: „Zu einem Beſuch bei dem höch-

ften Gebieter ziehen wir uns festlicher an, als wenn man zum
König geladen ist . . .!"

Die gestrengen Väter einer älteren Generation widersetzen
sich stirnrunzelnd, kopfschüttelnd den modischen Gesetzen eines
neuen Jahrzehnts. Sie verwerfen die unsittliche Kürze der
Kleider, die jungenhafte Frisur des Etonkopfes, die seidige
Nonchalance koketter Wäsche — sie demonstrieren gegen die
Vermännlichung der Frau und sportive Losgelöstheit ihres
Körpers, verweisen auf den sittlichen Geschmack vergangener
Jahrhunderte.

Werfen wir jetzt einen Blick in die allbekannten Tanz= und
Gymnastikschulen — Loheland, Wigman, Laban und Menzler.
Kommen uns beim Betrachten der kaum bekleideten Mädchen=
körper unsittliche Gedanken? Im Gegensatz dazu steht die
sittengestrenge Gewandung einer „galanten Zeit" — die Taille
mit den hundert kleinen, schwierigen Haken und Ösen. Stand
die damalige Moral höher als unsere heutige?

Beispiele sprechen für sich. Obwohl das vorschriftsmäßige
Crêpe=de=Chine=Bubinachthemd der eleganten Lady angezo=
gener und stoffreichhaltiger ist als die große Abendtoilette,
kommt sich die Trägerin eines solchen nächtlichen Überwurfes
hüllenloser vor als die dreiviertel unbekleidete Jazztänzerin bei
ihrem obligaten Mondscheinflirt.

„Wenn viele auch dasselbe tun — so ist es nicht dasselbe!"
Der anmutige scharmante Mannequin in der aparten Schöp=
fung der prophetischen „haute couture" dürfte seelenruhig
und größter Erfolge gewiß in seinem vorgeführten Modell
bei dem nächsten besten Galadiner auftauchen — währenddes
die den Modegesetzen nachjagende, zwei Zentner schwere Gat=
tin eines „nouveau riche" in demselben Kostüm nur wenig
Anklang finden, aber viel Aufsehen erregen würde.

Die Moral des An= und Ausziehens liegt im wesentlichen
in der Absicht, in der die Kleider getragen oder — nicht
getragen werden. An und für sich gibt es keine „unsittliche
Kleidung" und keine „Unmoral des Anzuges". Die Wirkung
hängt lediglich von dem Zweck der Trägerin ab in Zusammen=
hang mit Umgebung, Machart, Farbe und Musik. Das Her=
vorhebenwollen des Übererotischen ist ausschlaggebend in
diesen immer wieder prekären Fragen des Alltags.

Bin ich reich genug, Dame zu sein?

Ein Refrain, der immer wiederkehrt — zu keiner Zeit ausstirbt und zur Schlagermelodie der Frau geworden ist.

Welch ein Irrsinn! Bin ich reich genug, erotisch, musikalisch oder religiös zu sein? Die Dame hat mit Reichtum erst in zweiter Linie zu tun — und die Allerreichste der Welt kann alles andere eher, als eine Dame sein.

Geld erleichtert — ist nervenberuhigend, angenehm, aber es entscheidet nicht. Manieren und Geschmack, Intelligenz und Instinkt, Gepflegtheit und Liebenswürdigkeit ersetzen oft materielle Vorteile oder gewinnen leicht solche.

„Wie pflege ich mich ohne Geld?" fragte neulich eine Schöne — und die prompte Antwort einer noch weniger Begüterten, aber bedeutend reizvolleren jungen Dame: „Versuchen Sie's mal mit Seife, Kamm und Nagelschere . . ."

Eine wirkliche Dame ist nicht arm — eine echte Dame kommt auch mit Wenigem aus, eine große Dame hat immer ihren Kreis, der ihr beisteht, immer ihre Freunde, die ihr helfen.

Aber eine Talmidame, die nur scheint und nicht ist, die nur imitiert und kopiert, die nur äußerlich und nicht innerlich gedeiht, wird und kann nie reich genug sein, um das zu werden, was sie erhofft und nie erreicht . . .

„Und dann die Dessous und so weiter . . ."

Besser gesagt: ein Hors d'œuvre der Spitzen — ein Dessert der Seiden. Der doch etwas degenerierte Körper unserer Generation behauptet, keinen Batist, keine Baumwolle, kein Fil d'Écosse mehr zu vertragen, die Haut sträube sich ostentativ dagegen — fröstle und friere, jedoch Seide, Crêpe de Chine, Seiden-Georgette und künstliche Seide seien prädestiniert, Wohlbefinden, Wärme und Erfrischung zu erzeugen.

Und deshalb — in der kleinsten Kommode, in dem prachtvollsten Kleiderschrank ruhen die weichen, zärtlichen Stoffe, die kleinen, modern zugeschnittenen Hemdhosen, die Schlüpfer, in Einzelfällen die fast überflüssig gewordenen Hemden und Unterfaillen, die Nachthemden nicht zu vergessen.

Unsere Mütter und Tanten rümpften seinerzeit die Nasen: „Kein solides Stück, lauter Tand, die Aussteuer einer Halbweltdame — wie geschmacklos — Seide!" Und heute? Unsere Mütter und Tanten tragen genau dieselben Dinge, die ehemals verwerflich galten.

Sprechen wir offen — die Kultur der Unterwäsche war an der Zeit. Eine gut gewachsene Frau in elegantem Kleid und unerfreulichem Dessous ernüchtert. Ein Zimmer ohne Teppiche, Kissen, Bilder, Blumen läßt kalt; dasselbe gilt für den Körper, der unbedingt einer „Ausstattung" bedarf. Unser Jahrhundert ist typisch für die Verfeinerung der Sinne — Fingerspitzenerotik verdrängt primitiven Sexualtrieb.

Die Dame weiß, was sie tut, wenn sie den „naheliegendsten" Dingen ihres Seins liebevollste Beachtung widmet!

MARLISE HINZ.

43

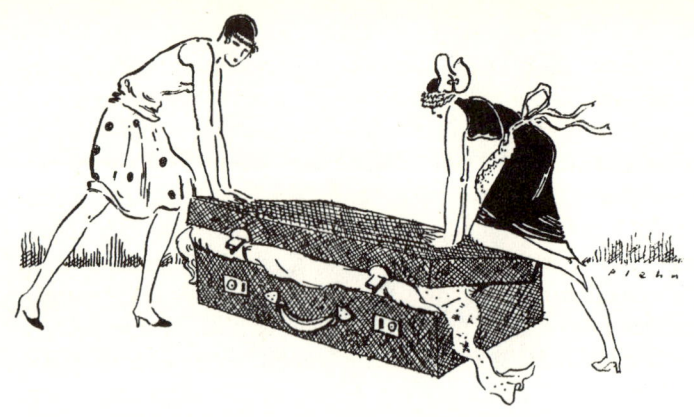

Vom Suitcase zum Schrankkoffer.

Verzweifelte Gebärden: „Er geht nicht zu, er ist noch
nicht halb voll, ich komme mit den Sachen unmöglich
vier Wochen aus, ich weiß nicht, ob es an der Adria jetzt
schneit oder hitzt — sechs Paar Schuhe sind viel zu wenig,
Georgettekleider kommen nicht in Frage, Pelze bleiben zu
Hause —." In allen Tonleitern wird gejammert, gefragt,
telephoniert.

Eigentlich gibt es nur drei Schemata, um zu packen. Bei
ruhiger Überlegung ist das sehr einfach. Für etwa acht Tage
(darunter fällt alles, was fünf Tage mehr oder weniger ist),
für drei Wochen (darunter fällt alles, was eine Woche mehr
oder weniger ist), und für ein Halbjahr (darunter fällt alles,
was ein Vierteljahr mehr oder weniger ist).

Schema 1. (Acht Tage) Coupékoffer (möglichst Schweins=
leder, Autolack geht auch). Inhalt: Ein Paar Abendschuhe
(Brokat oder Seide), ein Paar Nachmittagsschuhe (Seide
oder leichtes Leder), ein Paar geflochtene Schuhe, sechs Hemd=
hosen, zwei Garnituren, drei Schlüpfer, drei Nachthemden,
ein Pyjama oder Kimono, zwei Unterkleider, ein Straßen=
kostüm, ein Jumperkleid, einen „trench-coat", ein Nach=
mittagskomplet, ein Teekleid, ein kleines Abendkleid, ein gro=
ßes Abendkleid. Einen Trotteurhut, einen Hut zum elegan=
teren Kleid. Acht Paar Strümpfe. Angezogen: ein Straßen=
kostüm, oder Reisemantel mit Wollkleid, ein Paar Reiseschuhe
und den Pelz über dem Arm. Inhalt enthebt jeder Gefahr,
falsch angezogen zu sein innerhalb dieser Zeitspanne.

Schema 2. (Drei Wochen) Schrankkoffer. Hutkoffer. Necessaire. Mehr wäre vom Übel. Inhalt (paßt bei heutigen Temperaturverhältnissen für alle Gegenden): Sieben Paar Schuhe (ein Paar derbe Schuhe, ein Paar Trotteurschuhe, zwei Paar Spangenschuhe, zwei Paar seidene, ein Paar Brokat). Zehn Hemdhosen, sechs Garnituren, sechs Schlüpfer, acht Nachthemden, drei Pyjamas, zwei Kimonos, zwei Baumwollunterziehjäckchen, Badezeug, zwölf Paar Strümpfe (werden noch ergänzt), vier Unterkleider, zwei Jumperkleider, ein Wollkaschakleid, zwei dünne Strand-Seiden- oder Chiffon-kleidchen, zwei Kostüme, ein Komplet, ein Abendcape, ein Abendmantel, ein Schal, zwei Pelze, drei Abendkleider (ad libitum mehr), vier verschiedene Hüte (darunter einen hellen, einen Filz-, einen seidenen Bandhut). Mit diesem Inhalt versehen, ist man allen Gegenden — vom Lido bis zum Nordkap und von Portugal bis Konstantinopel — ge-wappnet.

Schema 3 zu erörtern — erübrigt sich. Die doppelte Portion von Schema 2 an Koffern und Inhalt käme in Frage. Man müßte gegebenenfalls ein wenig mehr Wert auf warme Kleidung legen. Die jeweilige Sportkleidung (Ski- oder Tennisausrüstung) ist absichtlich unerwähnt geblieben, da deren Utensilien dem Sporttreibenden bekannt sein dürften.

Schema 1, 2 oder 3 — das ist hier die Frage; aber — eines steht fest: auf alle Fälle muß unsere auferstandene Dame viel reisen!

Kosmetische Kostproben...

Weshalb hat die Groß-
mama von fünfzig
Jahren eine Haut wie ein
Backfisch?

Wieso ist der scheußliche
Teint von Fräulein G. seit
zwei Monaten engelsrein?
Wohin sind Ihre Som-
mersprossen, Ihre Mitesser,
Ihre Leberfleckchen spaziert,
die Sie noch vor 14 Tagen...?

Sie werden es uns nicht glauben, wir machen alle
in: Schönheitspflege! Um von Mani= und Pediküre
ganz zu schweigen. Aber wir massieren unser Gesicht,
elektrisch, mit Radio, mit den Händen, wir geben
der in der Großstadt oft ausgetrockneten Haut fetthaltende
Einreibungen, wir pudern vorsichtig mit einer Pudersorte,
welche unserer Haut bekommt, wir lernen Schminken, um
uns selbst in „Beautés" verwandeln zu können, und wir
pflegen unseren Teint wie ein Baby.

Aber wie sehen wir auch aus! Einst und jetzt — ich bitte
Sie! Gar kein Bluff. Tupfen Sie das „rouge" ruhig fort,
wir bleiben immer noch rosig oder braungebrannt, unsere
Wimpern sind so schwarz und sind so lang, unsere winzigen
Barthärchen sind verschwunden, unsere Lippen bleiben im
Wasser und bei anderen Gelegenheiten gleichbleibend rot
und — werden es nicht erst. Und dann unsere Haut. Pfirsiche
sind nichts dagegen. Früher war das selten, aber heute sind
Pfirsiche — Stapelware! Aber das verstehen die Männer
noch nicht einmal zu würdigen. Toll! Da sprechen sie mit
verächtlichen Blicken auf Toilettentisch oder Täschchen ihrer
Holden von „Geschmiere" und „Gepinsle" ...

Die wenigen Runzeln oder Fältchen, die wir eventuell noch
haben, sind daher eure Schuld, ihr Herren der Schöpfung,
die buchen wir auf euer Konto, ihr Tyrannen, und die sollen
euch teuer zu stehen kommen ...

46

„Durch die Praxis lernt man, nicht durch Theorie."

Jedes Jahrhundert hat sein Schönheitsideal. Josephine Baker residiert — das Vorbild hat alles, was nicht nur das Herz begehrt — die vorbildlichste Figur, die schwärzesten Haare, den sammetweichsten Teint. Besonders letzteres — aber sie weiß auch warum, und sie verrät ihr Geheimnis, diskutiert über Schönheits= rezepte — hält folgende kosmetischen Elixiere für unerläßlich:

„Chemische Salben in kleinen Töpfen taugen nicht viel. Die Haut schuppt davon ab. — Man muß sehr viel tanzen und viel schwitzen. Nachher schläft man wie Blei. Vom Schlaf werden die Augen klar. Eine Frau soll ganz nackt schlafen. Wer sich schminkt, soll es nicht halb tun. Es muß ein ‚offenes Schminken' sein. Das andere ist gut für die Kranken. — Das beste Schönheitswasser ist das Regenwasser. Es hält sich sehr lange. Eine Frau, die etwas auf ihre Haut hält, soll davon einen Keller voll Flaschen haben. — Alle Tage sollen die Arme mit einer Bürste aus hartem Pferdehaar gerieben werden. Das tut den Armen wohl. — Bade mit Veilchenmilch. — Man sollte jeden Tag schwimmen können. Die Tiere auf dem festen Lande sind nie so elegant wie die Fische. — Wenn du müde bist, wasche das Gesicht mit Leinwasser. — Die besten Salben werden aus Früchten hergestellt. Ausgezeichnet: Eine Gurkenpomade. Ein paar andere Rezepte: 1. Orangensaft, Kölnisches Wasser, ein Drittel abgekochtes Wasser. 2. Bananenwasser gegen Runzeln: Fünf oder sechs Bananen, rundgeschnitten, in Alkohol einweichen. Nach sechs Tagen abgekochtes Wasser beifügen. Filtrieren. Leichte Waschung am Abend. 3. Überreife Erdbeeren um die Nase herum, auf der Stirn, am Halse zerreiben: Nach dem Trocknen entsteht eine ‚Blumenhaut'. Mit Trauben erhält man eine glatte, geschmeidige, durchsichtige Haut. Die Haut von frischen Feigen heilt überdies kleine Pusteln."

Die Masse muß es nicht immer bringen, aber im Prinzip hat die schöne Josephine recht. Was man seinem Körper angedeihen läßt, bringt die Sonne oder der Mond irgendwann schon ans Licht. Und die einfachsten Mittel wirken oft Wunder. Orangensaft und Milch mit einem Tropfen Essig — die Hautlabe der Orientalinnen. Fettende Creme für zu trockene Haut, Kampfersalben für unreinen Teint, Zitronenabgüsse für fettiges Haar, Eigelbschaum für den Glanz des Bubikopfes, und wer zählt die Mittel, nennt die Mix= turen, die geschaffen sind, aus einer Saula (Saulus) eine Paula (Paulus) zu machen . . .

47

Die Venus vom Kilo.

Sie saß in einem Seſſel zuſammengekauert und weinte herz=
zerreißend. Er kniete vor ihr und beſtürmte ſie: „Haſt du
Kummer, Darling, iſt jemand krank geworden, mußt du abreiſen,
haſt du Schulden gemacht, ſoll ich dir Geld leihen . . .?“

Selbſt bei „Geld“ hob ſie den Kopf kein bißchen und ſchluchzte
erneut. Der Fall ſchien ernſt. Er verſuchte weiter: „Hat Putzi
dein Georgettekleid zerriſſen, Max den Wagen kaputt gefahren,
der Lido keine Zimmer reſerviert?“ Keine Antwort. „Um Gottes
willen, was kann geſchehen ſein?“ Ein letzter Verſuch: „Hör’ mir
mal jetzt zu, Cilly, ich will dir helfen, ich werde alles für dich tun,
was es auch ſei, hab’ Vertrauen und ſprich dich aus . . .“

Cilly hob wütend den Kopf, und es ſprudelte von ihren Lippen:
„Wie willſt du mir denn helfen, wenn ich zwei Tage hintereinander
ein Viertelpfund zunehme!“

Typiſcher Fall. Es gibt kaum etwas Schlimmeres heutzutage.
Es graſſiert das „Schlankſein“ wie eine Epidemie. Aber es hat
— wenn nicht im Übermaß — ſeine Vorteile. Früher: Neun Uhr
morgens . . . Geſchloſſene Vorhänge, geſchloſſene Augen, geſchloſ=
ſene Türen. Tempi paſſati. Um halb neun Uhr kommt die Maſſeuſe,
oder es wird geturnt, oder es wird gepunktrollt, oder es wird
gelaufen, oder es wird — ganz egal was, Bewegung wird auf

alle Fälle gemacht.
Und dennoch,
diese Männer! Da
kommen sie dann
nach Hause — oder
abends im Theater
auf eine Loge wei=
send, und sagen:
„Ich habe soeben
eine Frau gesehen,
die war feenhaft
schlank, immer
noch drei Pfund
dünner als du." —
Wenn wir so kri=
tisch wären . . . .

„Aladins Wunderlampe
erwacht ———"

Die Nuance entscheidet! Sie ist siegreich auf der ganzen Linie. Mehr denn je ... Die Feinfühligkeit, Sensibilität, Kompliziertheit der modernen Frau hat sie erwählt — sich zu eigen gemacht. Im Gegensatz zu früher detailliert man, raffiniert — und mit Abwechslung.

Was sagte uns schon früher ein Parfüm? Es roch allenfalls gut, je mehr man davon übergoß, je stärker duftete es, um so auffälliger erschien die Wirkung. Betonen wir: schien!

Und heute? Heute bemühen sich um die Ausbildung des „dritten Sinns" die Schönen unserer Erdteile. All die Scharen eleganter Frauen wurden zu Jüngerinnen der Wunderessenzen. Kultivierung mit seltsamen Folgen. Jede paßt auf die andere auf — beugt vor, um sich nicht übertrumpfen zu lassen. Der Robber wird unterbrochen, mitten in der Partie. Das schöne Gegenüber tuschelt der kastanienbraunen Künstlerin zu: „Sie haben es auch schon?"

Auf dem Golfplatz wirft die leidenschaftliche Spielerin den Club mitten im Drive zur Seite und schnuppert eifrig in die Luft. „Eine neue Mischung aus dreierlei Stoff — köstlich zusammengestellt — alles verschiedene Essenzen. Nelly hat mich ausgestochen . . ."

Beim Polo, auf den Centrecourts, beim Tanztee, im Vestibül — überall unsere Evastöchter auf Lauer nach Parfümwild. Ein Gesellschaftsspiel — das jeder mitmacht, keine ausläßt — die Gefahr, rückständig zu werden, ist zu groß!

Die ätherische, helle Flüssigkeit in den aufreizendsten Um= hüllungen, eigens geformten kristallenen Behältern, blinken= den Silberscharnieren, geschliffenen Stöpseln, seidigen Watten und knisternden Kordeln hat Wunderkräfte bekommen. Tarnkappen!

Keine aufgetragenen groben Mittel spielen mehr eine Rolle. Genau wie ein Kleid oder Schuh der betreffenden Person angepaßt sein muß, hat sich das Parfüm der Trägerin anzu= ordnen. Die wirkliche Lady kennt sich und ihre Bedürfnisse, sie weiß, was ihr fehlt, ahnt den noch mangelnden Hauch, der ihre Absicht, den Eindruck ihrer Erscheinung unterstützt, Sensationen hervorruft, Welten aufbaut und einstürzt. Winzigste Ursachen — allergrößte Wirkungen!

Sie muß mischen. Wie ein kleiner gewiegter Barkeeper wird sie sich die notwendigen Tropfen zu einem betörenden, individuellen Ganzen zusammenreimen. Mit Liebe, Muße, Ausdauer — so lange — bis das ureigenste „Ich" aus dieser verlockenden Flüssigkeit strömt.

Eine neue Wissenschaft ist entstanden. Triebe und Instinkte, Wünsche und Begierden sind unmerklich, rein intellektuell zu regieren. Die gnädige Frau — aber auch — der Herr Gemahl — hat die Fäden dazu in der Hand — beide haben die Möglich= keit, sie zu knüpfen — oder zu lösen — sie auszunutzen oder achtlos zu übersehen.

Ausschlaggebend: ein kleiner Tropfen Parfüm! Aladins Wunderlampe zu neuem Leben erwacht . . .

Badezeiten.

Früh, wenn das Telephon läutet, heißt es immer todsicher: „Die gnädige Frau sitzt im Bad." Es muß Frauen geben, die den ganzen Morgen im Bad Platz nehmen, denn sie werden nie fertig, so oft man anruft.

Aber das ist verständlich. Die Reize des täglichen Bades sind unbeschreiblich. Sie verlocken zu ausgefallensten Dingen. Im Bad kann man nicht gestört werden, man kann nachdenken. Pläne entwerfen, ganze Intriguen spinnen und wieder fallen lassen — man kann sich ablenken, mit Gummischwämmen Fangball spielen, die leeren Badesalztuben auf Schwimmsicherheit prüfen, zwei — drei Seifen ausprobieren, kaltes und warmes Wasser zulaufen lassen oder sich kritisch betrachten, kann Zeitung lesen oder ganz sanft weiter dösen. Nach durchwachten Nächten ist das Bad besser als ein Pyramidon, und die kalte Dusche hinterher — ich schwöre Ihnen allen, sie muß kalt sein — ist die prachtvollste Stählung des Körpers für kommende Anstrengungen.

Auch am Abend kann man es kaum lassen. Besser zweimal — als keinmal. Je öfter — je lieber, je länger — um so besser. Und man gibt es nur auf für das — Bad im Freien.

Am sommerheißen Strand fliegt das Sonnenbadkleidchen schneller weg, als man denkt, im anliegenden zweifarbigen Trikot jagt die wassersüchtige Schöne den Wellen entgegen — ein Kampf, in dem sie oft unterliegt, der sie aber immer wieder aufs neue reizt, wie alle Dinge in ihrem Leben, die zwischen Spiel und Gefahr liegen.

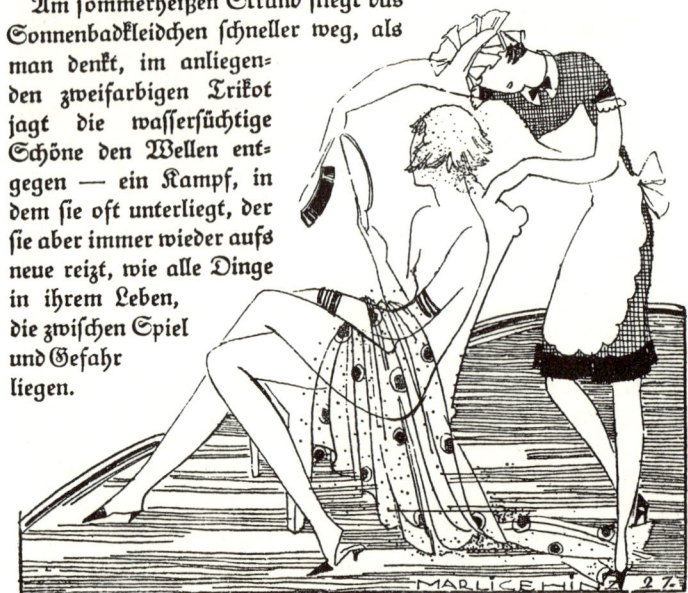

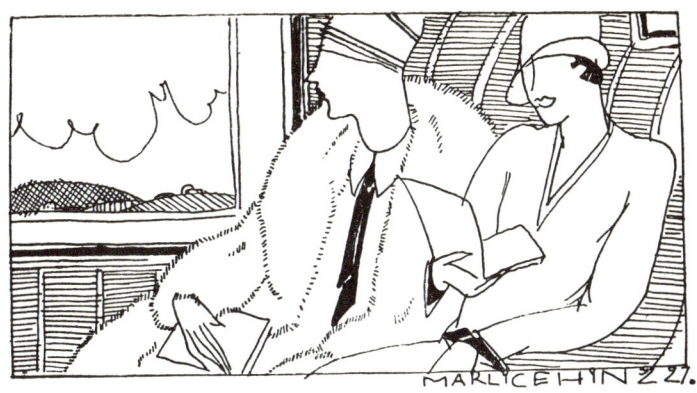

Der treueſte Begleiter —

So paradox es klingt — er exiſtiert, und jede Frau kann ihn nach ihrem Belieben auswählen, auswechſeln und ausführen. Mit und ohne Verzierungen, einfach oder in prächtiger Aus= führung, je nachdem. Der treueſte Begleiter iſt und bleibt: das Handtäſchchen der gnädigen Frau.

Was für Variationen ſind heute nicht möglich! Mit wenig Koſten kann man zu jedem Koſtüm ſein paſſendes Täſchchen vorführen. Am Vormittag kommt nach neueſtem Muſter nur Kaſcha oder paſtellfarbenes Leder in Frage — vom Nachmittag an ſpielen metallene Fäden in ſeidenen Brokaten und ſchillernde Perlen und Straßſtickereien eine beachtliche Rolle.

Hier — wie in den meiſten Dingen der Bekleidungsfrage — Harmonie! Kein Metall am Vormittag, kein goldenes oder onyx= beſetztes Party-case zum Shopping, kein Leder oder Stoff zum Abendkleid. Größer das Tagesformat — aber zierlicher der nächt= liche Begleiter.

Der Hüllen Reiz läßt oft auf den Inhalt ſchließen. Darum Vorſicht! Ich kenne junge Frauen, bei denen der Puder, immer im Übermaß vorhanden, ſchmutzig macht und das Futter befleckt, bei denen der Lippenſtift ausgefloſſen und die Creme im falſchen Appartement untergebracht iſt, bei denen die Puderquaſte wie ein Büſchel Negerhaare und der Spiegel wie ein Trümmerhaufen ausſchaut. Das ſchreckt ab.

Hütet eure treueſten Begleiter — innerlich wie äußerlich — denn ſie ſind das unerläßliche Waffenzeug im Feldzug der internationalen Mode . . .

53

Die umringte Frau.

Wieviel haben Sie? Von früh bis abends? Immer dieselben? Und wie ist es nachts, im Bad, an der See? Meine Freundin hat schon vierzehn, und Sie?

„Ich weiß gar nicht, was ich Ihnen antworten soll, ich finde Ihre Frage zum mindesten indiskret —"

„Indiskret? Kein Gedanke. Weshalb in aller Welt soll man nicht von Ringen sprechen, kein Mensch findet etwas dabei . . ."

„Ach so, ja natürlich, ich war ein wenig verträumt!"

So der Dialog zweier „umringter" Frauen! Doch zur Sache — wie steht es um den Ring, um den Ehering zum Beispiel? Es ist mit ihm wie mit allem Wünschenswerten des Daseins — solange man es nicht hat, tändelt man damit, und sobald man es besitzt, legt man keinen Wert mehr darauf! Dennoch sollte die Frau von Welt den ganz schmalen Platin= oder Goldreif nicht ablehnen. Trotz unserer vorgeschrittenen Anschauungen bringt dieser kleine Ring eine seltsame Art Überlieferung mit sich, die unwillkürlich einen Scharm ausübt, der auch der mondänsten Frau nicht schaden kann. Heiratet die Lady up to date — wird sie — und welche Frau ist heute nicht abergläubisch — auch die alte Tradition nicht vor den Kopf stoßen wollen. Schon wegen des Dekorums . . . Sie verstehen!

Und die andern Ringe? Schöne, echte, große, wertvolle Stücke schaden nie — mit Imitationen muß man vorsichtig sein, Überladungen sind immer unangebracht, und am Vormittag zu Sport und Bummel ist Schmuck geschmacklos. Die Zusammenstellungen von Steinen bleibt dem jeweiligen Verständnis überlassen — aber leider, leider ist dieses oft gering. Auch das muß sich bessern, und es werden die Tage kommen, an denen man im wahrsten Sinne des Wortes von den „Steinen der Weisen" reden kann.

„Talismäner".

„In jedem Mann ist ein Kind versteckt — das will spielen."
In jeder Frau zum mindesten zwei ... Ein natürlicher Drang,
der äußere Befriedigung sucht! Wie praktisch ist da der Aberglaube!
Produziert er doch Spielzeuge seltsamster Art — noch dazu in ein
mystisches Mäntelchen gehüllt. Man kann sich austoben, seiner
Phantasie freien Lauf lassen — ohne sich lächerlich zu machen.

„Haben Sie schon meinen Talisman gesehen?" Die ausgefallen=
sten Dinge werden aus ausgefallensten Gegenden hervorgesucht:
Glassplitter, Monatssteine, „knock-woods", Armreifen mit in=
dischen Götzen, Jadebuddhas, vergoldete Knöpfe, Elefantenhaare,
in Glas gefaßte Kleeblätter, Hufeisenstücke und last not least:
Glasaugen: Letzter Schrei der Seinestadt — die Frauen sollen
sehender geworden sein. Doch wie lange noch? — Ablösung vor!

„Glauben Sie an diesen Unsinn?" fragte ein kleiner, frecher
Flapper eine von Armbänderreifen umklimperte Engländerin. Die
Befragte meinte enthusiastisch: „Aber natürlich, hängt doch oft
das Lebensschicksal an einem Talisman."

„Ganz meine Meinung," lachte der Backfisch, „aber an einem
mit zwei „n'!" —

Die Wollust der Zunge

In allen Lebenslagen
Entscheidet das Menü,
Wenn es schlecht aufgetragen,
Vereitelt's jede Müh'.
Wie wichtig ist die Steigerung
Hors d'œuvre zum Dessert,
Es beugt sich jede Weigerung
Der Kochkunst, von jeher.

O Hausfrau, geh nicht müßig,
Bleib Meisterin im Fach,
Dein „Geist" sei immer „flüssig",
Dein „Fleisch" sei niemals „schwach"!

Vom Hors d'œuvre zum Dessert.

Geistige Freuden — leibliches Wohlbefinden — irdische Genüsse konsumieren sich zu: Liebe — und die Liebe geht be-
kanntlich „durch den Magen"!

Alles, was damit zusammenhängt, ist für die Frau von ent-
scheidender Wichtigkeit. Essen ist Lebensbedingung — die mitunter
langweilt — aber Essen kann zu einer Kultur werden, die auf
künstlerischem Niveau steht und begeistert!

Ebenso wie die Kleidung ist die Aufmachung beachtlich. Der
sorgfältig bereitete Lunch, die aufeinander abgestimmte Speisen-
folge, gepflegte Gerichte ohne Protzerei, Delikatessen der Jahres-
zeiten, Kristall und Silber, Blumen und Beleuchtung — Tisch-
ordnungen und Teebesuche — alle diese Dinge wollen überlegt,
natürlich arrangiert und liebevoll behandelt sein.

Talent, bewirten zu können, ist eine Gabe. Geschmack und
Selbstverständlichkeit paaren sich hier zu einem vollendeten Ganzen.
Die Dame auf dem „qui vive" . . . Gäste kommen und gehen
— allright, mit kurzen Befehlen,
einigen Handbewegungen ist alles ge-
ordnet. Man greift selbst zu, es geht
schneller. Abends ißt man auswärts,
zum Frühstück bleibt man zu dritt,
der Tee im Klub, der „drink" in der
Hotelbar, das Ballfinish im eigenen
Heim, der unerwartete Flirt, der
Logierbesuch für 24 Stunden . . .
Keine Aufregung, kein Kopfschütteln,
kein Bedenken: es klappt, es geht, es
ist soweit.

Herrscherin Dame — die Wollust
der Zunge ist meist ausschlaggebender
als psychologische Tiefgründigkeiten!

Die gnädige Frau lädt ein . . .

Sie ist unglaublich gewandt, sie weiß zu gefallen und versteht, zu fesseln — vor allem aber, ihr eigenstes „Ich" im Kreise ihrer Gäste durch die Art der Gastfreundschaft graziös zur Schau zu tragen.

Ihr sprühender Geist spielt mit der Zusammenstellung einfachster und raffiniertester Gerichte, die selbst vorzubereiten oder anzugeben ihre Passion ist. Sie kennt die Unterschiede der Tageszeiten und ihrer Stimmungen. Ahnt die Launen und den Geschmack ihrer Freundinnen, die Sensibilität ihres Gatten, den „goût" der älteren Generation und die Wünsche ihrer Flirts.

Sie unterscheidet die Wirkung einzelner Blumen, versteht, Porzellane zu gruppieren, Seiden- oder Spitzendecken zu prüfen und die meist nicht einfache Beleuchtungsfrage befriedigend zu lösen.

Sie denkt über alles nach. Die geringste Kleinigkeit ist ihr wichtig genug. Das begeistert sie, regt sie immer wieder neu an. Einladungen aller Art flattern in die Postämter — so viele, daß es schwer wird, einzelne herauszugreifen — doch versuchen wir es:

1 Uhr mittags: Elf Personen zum Lunch. Es ist Mittwoch — das Wetter ist trübe. — Also gelbe und rote Tulpen, durchbrochene Filetdecke, gleich den Blumen mit sonnenheller Seidenunterlage. Nach Belieben: Das Mädchen arrangiert die Blüten nicht lose genug — nur tiefe, runde Schalen und immer Adiantum dazwischen. Zwei Menüs kommen in Stichwahl. Es siegt Nummer 1. Die Köchin hat keine Ahnung von „Elsässischem Salat". Also „selbst ist die Frau". Keine Brötchen, Salzstangen natürlich. Ach so, die Weine!

Einen leichten Bordeaux, einen etwas gehaltvolleren Mosel — und nun schnell an den Cocktail; zum Lunch darf er nicht allzuschwer sein. „O du Cocktail" oder „grünvioletter Affe"? Man wählt letzteren: In Eile: drei Viertel Glas weißen Wermut, eine ausgedrückte Mandarinenscheibe, ein viertel Teelöffel Rum, einen Schuß Kognak, sechs Tropfen Angostura, ein halber Löffel feinstes Eis. Der obere Rand der Gläser wird in Wasser getaucht und vor dem Eingießen in den Zuckernapf getupft — die obligate Kirsche ist nicht zu vergessen. Ein Blick auf das Uhrarmband mahnt zum Umziehen. Das marinefarbene Spitzenkleid, hochgeschlossen, einen Tropfen „n'aimez que moi" und — husch, da stoppt schon das erste Auto.

Der Tee und die Dame.

Ein Kapitel für sich. In kleinen Boudoirs mit vielen weißen Fellen, langgestreckten Diwans und Teerosen — in stilechten Salons an kleinen, runden Tischen, viele bunte Nelken im Raum verteilt und große Bündel weitleuchtender Schneebälle in hohen Vasen als Fond dazu. Oder der musikalische „Five o'clock". Der Flügel ist schon geöffnet, Notenblätter sind aufgeschlagen, Kissen in den tiefen Sesseln zurechtgelegt; frischer Maiblumenduft erfüllt das Zimmer. Auch eine „Wiener Jause" an warmen Frühlingstagen, auf weiter Terrasse, taucht auf. Kleine und große Sträuße leuchtender „sweet peas" am Riesenrundtisch. Sand= wiches aus allen erdenklichen Broten, Pumpernickel und Käse= gebäck, zusammengesetzt mit allen Delikatessen und appetitan= regenden Gourmandisen. Als Kontrast auserlesenes Backwerk, so daß selbst die intellektuellste Besucherin um die Rezepte bittet. Hauchdünne „gateaux pithiviers", exzellente „Florentiner Torten", rundliche „palets de dames", „Hamburger Schnitten" und „Wiener Tascherln" machen einander den Rang streitig. Wunder= voll sind die noch wenig bekannten „gefüllten Datteln". Süße, eiskalte Liköre in weitgeschweiften Schalen oder raffinierte Scher= betts aus Ananas und Bananen folgen als Dessert. Nicht ohne Grund spielt die sagenumwobene „l'heure bleue" eine oft sehr wesentliche Rolle im Leben der gnädigen Frau.

Das große Diner.

Dreißig Personen haben zugesagt. Lange, weiße Ovale glitzern unter Silberschein, strahlende Leuchter schmeicheln dem matten Grün der Ranken und dem dunklen Rot der Rosen. Die gnädige Frau befahl, weißen Flieder dazwischenzulegen — eine märchenhafte Fülle von Blumen in entzückender Einfach=

Menu

Gebackene Austern
1893 er Chablis
Kalte real turtle · Suppe
Forelle in Burgunder
1911 er Piesporter
Rehrücken Carmen
                    Salade Venus
1921 er Niersteiner
Endivien à la Parisienne
1919 er Chateau Figeac
Creme Malakoff
1895 er Pommery & Greno
Canapés von Käse
Pilsener Bier

heit. Die Tischordnung stimmt — das Menü auch — die Gin=Cocktails stehen bereit, um beim Empfang gereicht zu werden. Der Herr Gemahl erscheint im vorschriftsmäßigen Frack, küßt der gnädigen Frau die Hand, geleitet sie in die strahlend erleuchtete Diele vor den hohen Spiegel, von dem man sich so schwer trennt — erst, wenn der Diener die Flügeltüren zum erstenmal öffnet . . . . .

Vor dem Theater...

Man sollte nur nach gutem Essen hingehen. Ein leerer Magen erregt Mißstimmung. Heitere Laune hebt die Qualität der Stücke ungemein. Es klingt komisch, aber erweist sich als richtig. Es gehört zum guten Ton: Nachtvorstellung. Entsprechende Plätze sind reserviert. Drei Stück. Wen

SOUPER
im kleinen Kreis

Cocktail:
Langue du nègre
Eier sans gène — St. Peray
Perlhühnerfilet mit Ananas
grüner Salat
1911er Nuits St. Georges
Coupe Marquise
Die Brüste der Semiramis (Munkepunke)
Ramequins
Mocca
(Liebeskuss)
(Cobbler)

sollte man noch dazu bitten? Ein Lächeln huscht um den Mund der gnädigen Frau. „Natürlich." Sie greift zum Telephon —

Ein Souper zu dritt ist oft sehr amüsant! Ausnahmsweise wird im kleinen, antiken Frühstückszimmer gedeckt, ohne Tischtuch, mit großen Wachskerzenlichtern auf alten Kandelabern. Einige weiße Orchideen sind über den Tisch verstreut; altes Meißener Geschirr schimmert, und die tief geschliffenen Venezianer Gläser blitzen. Dazu trägt die gnädige Frau ein weißes Velourchiffonkleid und zwei lange Reihen echter Perlen, und — um ihre noch nicht geöffneten Lippen spielt eine kaum merkliche Note von Übermut.

Mitternachteſſen.

Nicht nur in St. Moritz kennen wir die „midnight suppers". Oh, unſere Großſtädte wiſſen von den amüſan=
teſten Mitternachtsſoupers, nach abſolvierten Koſtümbällen,
ein Lied zu ſingen. Warum ſoll man nicht in ausgelaſſenſter
Stimmung von dem Apachenball um zwei Uhr nach Hauſe
gehen, um dort die Faſchingsſtimmung im kleineren Kreis
zu genießen? —

Ahnungslos betritt eine äußerlich „wilde Bande" mitten
in der Nacht den durch Lampions erhellten Wintergarten einer
Villenetage. „Unter Palmen" — an ganz kleinen Tiſchchen
iſt zu zweit gedeckt. Scheinbar improviſiert — nur das
Menü iſt fabelhaft vorbereitet. Ein Grammophon erſetzt das
zurückgelaſſene Orcheſter, und dem in Strömen fließenden
Sekt folgt „Die große Kataſtrophe" von „Munkepunke".

Iſt es nach alledem ein Wunder, daß die von Arm zu
Arm fliegende gnädige Frau am kommenden Mittag zum
„Katerfrühſtück" laden muß? Erläuterungen überflüſſig!

Gäste und Junggesellin.

Hat es die Junggesellin leicht? Darf sie einladen, Freunde bei sich sehen, Feste arrangieren — ad libitum?

Die Junggesellin in unserem Sinn ist eine vollendete Dame, frei, unabhängig, tüchtig in ihrem Beruf, ladylike in ihrem Äußeren. Sie wahrt das Äußere, sie raucht nicht auf der Straße, unterstreicht nicht die Vermännlichung der Frau, hütet sich besonders, Dinge zu tun, die ein Mann ablehnen würde, brüstet sich nicht mit Freiheiten, die sie sich selber schuf.

Sie kann tun und lassen, was sie will — sie kennt ihre Linie und spielt gewandt mit allen Möglichkeiten . . . . . sie überschreitet nicht die Grenze — die wahre Junggesellin unserer Zeit!

Sie überschätzt nicht den Wert materieller Angelegenheiten, deren Notwendigkeit sie anerkannt, ihre Stimmung ist nicht abhängig von einem guten „hors d'œuvre" oder einem mißratenen „Omelette". Sie ist ja kein Snob — sie freut sich, mit einfachen Mitteln Gastgeberin abwechslungsreicher, leiblicher Genüsse sein zu können — —

Abschreckende Beispiele gibt es genug. Wie entsetzlich die Feste der vorgerückten Saison! Die zusammengewürfelten „Oberen Zehntausend" bei den „routs" der Frau Kommerzienrat M. im Januar. Die Majorität der Anwesenden versucht, die besten Schnittchen zu erwischen, streut mit Passion die Asche auf die Perserteppiche, wirft Bananenschalen in Vasen, streckt die Beine auf seidenumspannte Sessel und schimpft gemeinsam auf Nichtanwesende. — So sind sie alle, fast ohne Ausnahme, — ohne Stil, ohne Zusammenhang, ganz ohne Kultur.

Aber so sollen sie nicht sein, die Mittage, Tees und Abendessen! Sie sollen eine persönliche Note haben und die Eingeladenen in den Bann der Individualität ihres Gastgebers zwingen.

Alltagsstunden.

Von dem Lunch zum „five o'clock“ ist nur ein Schritt. — Einmal in der Woche treffen sich bei unserer Junggesellin die ihr Nahestehenden zum Bridge. Zwei gemütliche Ecken sind schnell entstanden. Viele Schals, Kissen und Deckchen, abgeblendete und doch helle Lampen tun das Ihrige dazu. Vom Markt hat man

am Morgen buntes Buchenlaub und gelbe Judaskirschen geholt — in Vasen verteilt. Kleine appetitliche Sandwiches ohne Rand mit Gurkenscheibe, Tomatenschnitte, Wurst, gestampftem Ei und Schinken kontrastieren zu den Keks und Schokoladenplätzchen, Kognakbohnen und Zigarettenmassen — die nun einmal zu den verschiedenen „robbers“ unentbehrlich sind — alles den Einladungen entsprechend, ungezwungen, aber voll Liebe vorbereitet. Ob Bridge oder Musik, Literatur oder Modefragen — der „flair“ dieser Nachmittagsstunden spielt nun einmal im Leben der Frau von heute eine nicht zu unterschätzende Rolle . . . .

Lunch bei der Junggesellin.

Das Wohnzimmer der Junggesellin birgt in dieser Hinsicht mehr Qualitäten als die Zehnzimmerwohnung der Geheimrätin X. Statuieren wir am Exempel . . . . . .

Sie hat zum Lunch gebeten. Ihre Schwester bestand das Abitur, nun soll im engen Freundeskreis gefeiert werden. Der runde Spieltisch vor dem Diwan wird in die Mitte des Zimmers gerückt, an Stelle des Tischchens entsteht aus einem Hutkarton das Rauchtischchen. Service für sechs Personen ist beisammen. Aber die Tischdekoration? Nichts einfacher als das. — Von dem Lorbeerbaum im Vorgarten sind schnell ein paar Blätter gestohlen, in mathematischen Figuren auf den Tisch verstreut, und eine letzte, zärtliche Vereinigung von Bleistiften, Radiergummis, Taschenmessern usw. ersetzt das Unsymbolische kostbaren Porzellans, das alles Persönliche meist ausschaltet. Das Menü ist schnell gemacht und lautet auf einer ausgerissenen Schulheftseite mit roter Tinte in Kinderschrift angezeigt:

Wie angenehm und leicht ist das alles mit ein wenig Hilfe hergerichtet. Das kleine Wohnzimmer hat sich binnen kurzer Zeit durch ein paar Handgriffe, Verrücken einiger Möbelstücke und Fortnehmen von kleinen Gegenständen zu einem aparten „salle à manger" verwandelt . . . . . .

Souper à deux und anderes mehr . . .

Sie hat Geburtstag! Wer sich da nicht alles angesagt hat — „wer zählt die Völker . . . ." Schneller Szenenwechsel! Aus dem Schlafzimmer wird der Ballsaal, das Bett zum lang= gestreckten, teppichweichen Lager, und im anderen Zimmer wimmelt es von kleinen gemütlichen Eckchen, Sitzgelegenheiten und einem Riesenbüfett, das überall rechtzeitig auf kleinen verführerischen Kärtchen angekündigt wird.

Souper à deux

Englische Fasanensuppe
Rebhühner in Chablis
Kastanienpüree
Pfirsich Cardinale
Türkisches Sorbet
Früchte
Mokka

Grammophonweisen klingen schmeichelnd durch die Räume, und bis nach Mitternacht drehen sich die nimmermüden Jazzbeinchen, die von Mund zu Mund die Weisen mitsummen . . . .

Doch gibt es auch Gelegenheiten, wo der „Thé à deux" oder das „Souper à deux" ein gewichtiges Wort mitzusprechen haben, wo man die lärmenden Restaurants und geräuschvollen Lokale nach Möglichkeit meidet, wo man sich in aller Ruhe wiedersehen und aussprechen will — —. Da wird zum Beispiel: nach dem Theater vorn am Fenster vor den zwei Klubsesseln gedeckt, wofür man schon zeitig mit großer Sorgfalt das Menü zusammenstellt, besorgt und

herrichtet — eine bunte Nelkenſymphonie ſchmückt das Filet=
deckchen, und die ſelbſtgezeichnete Karte verrät die irdiſchen
Genüſſe — nach den geiſtigen; deutet vielleicht das „Spiel mit
dem Feuer“ an, das dem ernſten Spiel von der Bühne nunmehr
folgen ſoll . . . .

Nach den großen Koſtümbällen, den durchtanzten Nächten,
unerwartet ausgedehnten Feſtlichkeiten, den Wochen ſchwerſter
Examensvorarbeiten folgen die Weekend=Ausflüge in Sommer und
Winter . . . . .

Die Phantaſie iſt unausſchöpflich — und unſere Junggeſellin —
Beherrſcherin der Situation —, ſie faßt die Gelegenheit beim
Schopf, drückt der Zeit ihren Stempel auf, hält die Fäden in
der Hand, die ſie zu Geſchehniſſen aller Art ſich verknüpfen
läßt . . . . .

Die Zigarette.

Eigentlich erfüllt sie die Mission einer vielseitigen, wenn auch leichtfertigen Gespielin. Sie zerstreut, lenkt ab, beschwichtigt; man tändelt mit ihr, dreht sie liebevoll in den Fingerspitzen hin und her oder — stößt sie mißgestimmt beiseite. Dann bedient man sich ihrer wieder als Vermittlerin.

Zur Einleitung schwieriger Dialoge wird sie aus goldenem Etui nonchalant angeboten. Ihr blauer Dunst löst das Peinliche einer Frage in Luft auf. Sie ist eine vortreffliche Waffe, eher zum Angriff als zur Verteidigung natürlich. Ihr vertraut man mehr an — als dem Geliebten selbst. Sie glüht für ihn oder verlöscht, wenn es an der Zeit ist!

Außerdem bildet sie gegebenenfalls eine Schutzwand. Unterstützt mangelnde Sicherheit — betont mondäne, maskuline Einstellung. Nur in der Übertreibung wirkt sie lächerlich, ähnlich wie eine Gouvernante mit Strickstrumpf und Tanzröckchen. Sie darf nicht betont werden, sie muß dazugehören, mit von der Partie sein — wohin es auch gehen mag . . . .

Aber, wenn sie ihre Schuldigkeit getan hat, verschwindet sie. Was ehemals der Pfeil des Amors darstellte, soll heute der kleine schmale Papyros sein — hat er das Spiel eingeleitet, vorbereitet, zugespitzt, muß er einsam und verlassen sein oft unausgenütztes Leben auf dem Rand einer Aschenschale verhauchen, sozusagen: „Asche auf glühende Kohle streuen . . .“

Der rettende Strohhalm.

Ohne einen „drink" zur rechten Stunde ist man einfach verloren! Der „cocktail" vor dem „lunch", der „cobbler" nach dem „dinner", der „pousse-café" zum Mokka und der „Gin-Fizz" zum Jeu sind ebenso unentbehrlich wie ein Flirt im Frühling. Ja, sie sind sogar einfach ausschlaggebend für Stimmung, Handlung, Folgen.

Im Grunde sind wir alle feige. Wir leugnen es, aber wir sind es, verlassen wir uns darauf! Wir brauchen Anregungen — „dopings" oder Beruhigungsmittel. Vor jedem — selbst dem harmlosesten — Erlebnis hat man irgendwie Angst. Man könnte zu weit — oder zu wenig weit — zu unbeteiligt — zu gefühlvoll — zu ablehnend — zu anhänglich . . . oder so. Nachdenklich beugt man sich über das eisgekühlte Glas — der rettende Strohhalm bildet den Kontakt zum Hirn — der Puls schlägt schneller — immer wieder sucht man nach Kirschen oder Zitronenschalen — dabei treffen sich die Augenpaare — spielen Gedankenlesen und Verstehen — — — Noch einen kleinen Zug — ein Beiseiteschieben der Teller — ein hastiges Gleiten von Geldstücken — Stühlerücken — eine zugefallene Tür — — —

Glauben Sie mir, gnädige Frau, ohne einen „drink" zur rechten Stunde ist man einfach verloren!

Überhaupt: die Bar!

Es ist gar nicht so lange her, da flüsterten Onkels und Tanten stirnrunzelnd: „Sie saß auf einem Hocker an der Bar, shocking! Ein junges Mädchen an einem solchen Ort — selbst deine Frau, lieber Alfred, würde nie daran denken . . ." und so fort.

Dafür tuschelten heimlich, mit strahlenden Augen, die Freundinnen untereinander: „Niemand darf es wissen, aber gestern abend nach der Oper waren Rolf und ich in einer Bar!"

Tempi passati — unsere junge Dame geht mit ebensolcher Selbstverständlichkeit zum Raseur oder Zigarettenhändler wie zum Drink in die Bar. Erlaubtes nimmt den Reiz unpassender Ausnahmefälle. „Der Drink in der Bar" — eine internationale Gewohnheit, die Gesetze umwandelt.

Trotzdem — leugnen wir es nicht — der Scharm der Bar ist von Bedeutung. Das Gemisch von Stimmungen und Essenzen, das Ungestörte und doch: „Mitten-im-Leben-Sein" gibt einen guten Fond zu jeder Art Konversation. Ein anheimelnder Hauch liegt über den monotonen Bewegungen des Barkeepers, der Kommenden, Gehenden und Sitzenden.

Kurzum: Unsere junge Dame geht vor dem Frühstück, zum Mokka, nach dem Sport, vor dem Diner, nach dem Ball oder dem Theater — in die Bar! Onkels, Tanten und Mütter gehen aber auch . . .

Doch die junge Dame geht noch einen Schritt weiter, sie kultiviert die Hausbar. „Trautes Heim — Bar allein." Nachahmungen anregender Beginn!

Ein mit irdischen Gütern reich gesegneter Finanzieller fragt seinen Darling, ob er ihm ein Pferd, eine Jacht oder ein Perlenhalsband dedizieren soll, worauf die Achtzehnjährige ohne Überlegung antwortet: Natürlich eine Bar — ich nenne sie „Wunderbar" und mache sie aus der Dunkelkammer von Bob.

Der Vater protestiert. Die Bar entsteht.

Sechs Wochen später murmelt der Vater bei einer Debatte über die Zimmer der Villa: „Der beste Aufenthalt im ganzen Haus ist Renas ‚Wunderbar'!"

75

Blumensprache . . .

Wie kitschig klingt der Titel, aber, wir haben alle nun mal den ernsten Willen zum Kitsch! Ohne ihn wären wir verloren, der gemütlosen Sachlichkeit unserer Tage ausgeliefert. Aber so existiert ein „Mäntelchen", das wir „Kitsch" nennen, in das wir uns, wenn es not tut, hüllen können. Und es tut oft not!

Blume und Frau gehören zueinander. Frauen, die keine Blumen lieben, sind geschlechtslos, das Perfideste, was man von einer Frau sagen kann. Selbst der männlichste Mann hat irgendwie ein zärtliches Gefühl für Blütenpracht und Duft. Deshalb überträgt er so gern beides auf die Frau.

In den Händen einer klugen Frau werden Blumen zu Dolmetschern. Sie passen sich an — wandeln sich und wirken so, wie sie sollen. Ein Leben ohne Blumen erscheint wie ein Wetter ohne Sonne. Das tägliche Blümchen ist ebenso wesentlich wie das tägliche Brot.

Gibt es eine anmutigere Beschäftigung als Vasen füllen, Schalen mit bunten kleinen Gartenblumen ordnen — ganze Bündel voll Blütenzweige in Gläser reihen, eine Knospe vom Strauch abschneiden und zum Kleid aussuchen, eine frische Blüte dem ankommenden Gast überreichen? Ich kenne eine kleine Dollarprinzessin, die Autos und Golfklubs liegen ließ und fünf Monate in ein Blumengeschäft in die Lehre gegangen ist!

Die Phantasie in der Blumensprache ist grenzenlos, Gedanken und Wünsche werden in zarten Arrangements zur Triebkraft, ein Kristall mit bunten Wicken, ein Rubinglas mit weißen Nelken, eine Sèvresvase mit Maréchal Niel, eine Serviette mit einer weißen Orchidee, ein Jagdfrühstück mit Veilchenteppich als Läufer, eine Orangeblüte an der Schulter, ein Feldblumenstrauß im Schlafzimmer — was können sie nicht alles verschweigen, was erzählen . . .

Blumen schenken lassen — nicht kaufen! — Nicht wie Frau Finanzrat X in einen Laden gehen und „für zwanzig Mark Tischblumen bestellen" — nicht auf Blüten treten und fortwerfen, keine Grausamkeiten, keine Geschmacklosigkeiten . . .

Eine große Reihe Frauen wird das nicht verstehen wollen oder können, ich weiß es nicht — dann hat es auch keinen Zweck, darüber zu reden, denn: „Wer's nicht fühlt, Ihr werdet's nie begreifen!"

MARLICE HINZ.

76

MARLICE HINZ

Vom Chambre séparée . . .

„De mortuis nil nisi bene", das heißt, eigentlich spricht man doch schlecht darüber, obwohl es sich überlebt hat und eines unsanften Todes gestorben ist. Man braucht es nicht mehr. Die Welt steht offen — überall sind „chambres séparées", bei denen aber niemand mehr etwas findet.

Durfte ehemals eine Dame in ein — Chambre séparée gehen? Man hat es nie in Erfahrung bringen können — man hat nie eine „Dame" darin entdeckt, aber man munkelt, sie habe des öfteren Gebrauch davon gemacht . . .

Ich kann mir eine Dame in einem Chambre séparée sehr gut vorstellen. In Wien, der Wiege und dem Grab dieser traulichen Räume, war es jahrzehntelang sogar Sitte, ein „séparée" zu mieten, und man durfte unangefochten hingehen, nur nicht als Paar. Die fabelhaftesten Menüs, die besten Weine und die temperamentvollsten Geiger können noch einen Nekrolog dazu singen —

Ehemals, wo ein „Stelldichein" in der Hotelhalle, im Sportklub, im Familienbad, im Haus des Junggesellen oder des jungen Mädchens unmöglich schien, wo es noch keine Tagesendausflüge zu zweit im flinken Zweisitzer gab — ehemals mußte ein Séparée herhalten, und nicht immer war es der stilloseste Rahmen für einen Treffpunkt zweier Liebender.

Das „chambre séparée" ist tot — aber sein Nimbus ist geblieben. Die Frau von Welt, die es versteht, heute noch den „jour fixe" oder die Verabredung im Salon des Hotels, das Wiedersehen am dritten Ort, so zu arrangieren, daß man sich mit klopfendem Herzen, wie bei einer heimlichen großen Angelegenheit, ein ganz klein wenig verschämt gegenübersteht — hat den Begriff des „séparées" in das moderne Jahrhundert hinübergerettet.

„Da ging die kluge, kleine taktvolle Lampe aus."

Immer wieder die Beleuchtungsfrage! Ebenso wesentlich bei den Mahlzeiten wie das Geschirr, das Besteck und das Gedeck. Beinahe so wichtig wie die Blumenschale. Gar zu grelles Licht verstimmt, reizt die Augen, strengt an und verärgert, allzu dunkle Schirme schläfern ein, ermatten, lenken ab. Die goldene Mittel= straße ist auch hierbei nicht ganz einfach.

Variationen aller Art werden proponiert. Im Vordergrund: der goldgelbe Seidenschein, das lachsfarbene Licht und Kerzen= schimmer. Diese drei bilden ein gutes Kollegium, können nie enttäuschen.

Nicht für alle Räume, nicht für jede Gelegenheit: der indirekte Schein — die Glühbirnenreihe hinter Holztäfelungen und Wand= schränken.

„De gustibus.....", sagt der Lateiner — und wer sich in dem Spiegel sieht und kennt, weiß genau, welche Farbe, welcher Lichtton in Betracht kommt. Vergeßt nicht — die Wachslichter! Denkt an Weihnachtsstimmung und tropfender Kerzen Duft, nie erscheinen Frauengesichter schöner, als dann —

Zu viel oder zu wenig Licht — Vorsicht! Auf weiten Terrassen keine tausendkerzigen Osrams, nur Windlichter oder Sternen= himmel. Lampions zu Gartenfesten, einfarbige oder ganz bunte. Wie verlassen kommt man sich vor, wenn man in einem fremden Hotel, in lieblosem Einheitszimmer, hastig bei unbekleidetem elek= trischem Licht sein Essen hinunterwürgt. Einem nicht Unbekannten ist begreiflicherweise an solch ähnlichem Abend das jetzt allbekannte Zitat entflohen:

„Und keine kleine Lampe brennt,
Und niemand, der mich Bubi nennt,
Und hab' doch so ein Verlangen ..."

79

Vom flüssigen Geist . . .

Irgendwie muß „Sie" Stellung dazu nehmen — es läßt sich nicht umgehen. „Sie" bewegt sich doch immerzu in der Gefahrzone des Alkohols. Überhaupt heute, wo „Sie" es ist, welche die Weine aussucht, zusammenstellt, die „drinks" mixt und die Bowlen bereitet.

Rezepte kennt „Sie" in Massen — so einfache, daß es kaum mehr der Rede wert ist, denn schließlich weiß jedes Kind: Drei viertel Sherryglas Wermut, ein viertel Gin, zwei Tropfen Angostura, eine Kirsche — fertig ist der „Feld=, Wald= und Wiesencocktail", ähnlich die „Ever-ready-Bowle": Eingezuckertes Obst mit Cointreau oder Brandy, eine Flasche Rheinwein, eine halbe Flasche Sekt, eine Flasche Selter, ein Kognak (drei bis vier Personen); sogar die Unschuld vom Lande serviert zum Fisch keinen Rotwein und keinen „Chateau d'Yquem" zum Braten, obwohl es viele gibt, die immer „weißen Bordeaux" trinken müssen!

Die Steigerung der Getränke ist wesentlich. Die Abwechslung der Weine, die Temperatur entscheidend. Der lau temperierte Rotwein ist ein Kunststück. Um so erheiternder wirkt es, wenn in einem Restaurant sich ein Paar beschwert, daß sie einen teureren Burgunder gewählt hätten, als der Nebentisch, der nur einen billigen Mosel in den Gläsern habe, aber dafür einen Eiskübel hingestellt bekam, und sie nicht . . .

Das alles sind Präliminarien, in die „Sie" von Grund auf eingeweiht sein muß, Stufen, auf denen „Sie" von allein weiterklimmt — bis die Vollendung erreicht ist.

Zum Alkohol, einem „enfant terrible", das aus sich herausgehen läßt und Explosionen verursacht, soll „Sie" Stellung nehmen, ihn wie einen treuen Hausangestellten betrachten, dessen Hilfe und Anregung sie mitunter bedarf! Wehe aber, wenn er zu ihrem Herrn wird und unterjocht, dann ist „Sie" indiskutabel, verabscheuungswürdig — unmöglich.

Kluge Frauen, flirtet mit dem Geist — gegebenenfalls mit dem „flüssigen" . . .!

Raffiniertes Allerlei . . .

Kochrezepte in der Westentasche des Gehirns — wenn es darauf ankommt, schnell originell und außer Konkurrenz zu sein! Heutzutage regiert das „Plötzlich". Ehe man es sich versieht — kommt Besuch, muß ein Picknick bereitet werden, geht man nach dem Theater noch ein Stündchen nach Hause, inszeniert eine Bridgepartie oder einen Bowlenabend.

Hinweise gibt es genug, hie „Die Schnellküche der Junggesellin", Urbans „Ich kann kochen", Julie Elias „Kochbuch", Elsa Herzogs „Geheimrezepte", die Anweisungen der seligen Rokitansky, dort der unentbehrliche „Munkepunke", der Goethe „geistiger" Getränke.

Einmal theoretisch inspiriert — hat man immer etwas parat! Angefangen bei den harmonisch leuchtenden Fliegenpilzen oder der eisgekühlten Bouillon passieren an unserem leiblichen Auge herrliche gebackene Schinkenscheiben, Kaiserschnitzel, elsässische Salate, panierte Kartoffeln, Tomatengemüse, Aubergines, Ananastascherln oder Aprikosenküchlein und nicht zuletzt Apfelschnee oder russische Creme vorüber und tanzen einen exzellenten Reigen flink herzuzaubernder Delikateßgerichte, für alle Arten Gäste.

Doch man kann ja auch mit ausgewählten „Gourmandisen" aufwarten, die nicht erst eines „chef de cuisine" bedürfen, sondern die mit ein wenig Geduld und persönlicher Handanlegung wundervoll entstehen: ich reime nur schnell als phantastische Folge ein Exempel zusammen:

Sorbet „c h e z - v o u s"
Trüffelpüree mit Luccaaugen
Gratinierte Wachteln
Salat Venus
Glasierte Bananen in Eis
und
Bowle: „c h e z - m o i !"

— und wenn dann der jeweilige Gast komplimentiert: „rien ne va plus" ist — „mehr als genug" erreicht!

82

Gut gesetzt —
ist halb gewonnen . . .

Es ist von keinem Jeu, von keinem Rennen, von keinem Zufall
die Rede — sondern lediglich von — der Tischordnung! Doch
ehe wir soweit sind, heißt es überlegen: Wen lade ich ein?

Es ist ein Irrtum, wenn man glaubt, immer nur Menschen
laden zu müssen, die alle aus derselben Interessensphäre stammen,
sich seit Jahren so oder so kennen, politisch dieselben Anschauungen
haben — im Gegenteil, eine gewisse Mischung verschiedenster Berufe und Kreise wirkt oft anregend und gibt zu Austausch und
amüsanten Dialogen Anlaß. Nur darf man nicht outrieren und
die ausgesprochen fanatischen Politiker entgegengesetzter Richtungen
und untreue Flirts mit einstigen und jetzigen Angebeteten an einen
Tisch setzen. Im allgemeinen kann man von der Tendenz ausgehen:
„Was ich nicht weiß — macht mich nicht heiß", da man voraussetzen
muß, daß die Gäste des Hauses wohlerzogene Leute sind, die, wenn
irgendein Grund sie zur gegenseitigen Abneigung zwingt, diese nicht
„coram publico" zur Schau tragen werden . . .

Und dann die Regel der Tischordnung! Daß die Ehrenplätze der
ältesten oder erstmalig Anwesenden neben dem Hausherrn und der
Hausfrau sind — ist klar, obwohl an der sogenannten „zweiten
Seite" dabei auch manchmal gemogelt werden soll — sonst setze
man die Ehegatten nicht zu nah aneinander und nehme nach psycho-
logischen Erwägungen die Paarungen vor! Der Hausherr geht mit
seiner Dame zuerst zu Tisch, die Hausfrau mit ihrem Herrn zuletzt.
Die Hausfrau hebt als erste die Tafel auf. Die Konversation ist
freibleibend — abhängig von Einvernehmen und Stimmung.

Ich weiß nicht, ob es gerade schmeichelhaft aufzufassen ist, wenn
bei dem berühmt langweiligen Souper eines Finanzgewaltigen ein
bekannter Pressechef launig bemerkte: „Die Tischordnung mag ganz
gut sein, aber eine Bettordnung wäre angebrachter . . ."

Vom Wetter bis zur Strandkabine ...

Ja, ja, die Tischgespräche! Die haben es so in sich. Vom Herkömmlichen ganz abgesehen, das versteht sich schon nicht mehr von selbst. Es gibt junge Damen und geistige Snobs, die es ablehnen, sich von Sonnenschein, Hitzegraden, Kältewellen und Befinden — a priori zu unterhalten.

Aber was sonst? — Meistens zwingt man sich zu Ausgefallenem: die Erotik der heutigen Generation, von wann ab hat ein junges Mädchen heutzutage alle Rechte und keine Pflichten, die Frau von fünfzig Jahren und ihre Liebesabenteuer, Muskelrheumatismus und Dessous, die Anfälligkeit der Organe im Gegensatz zu einst und jetzt, die Stunden zwischen zwölf und drei Uhr nachts, verbrecherische Triebe, der Geist Don Juans als Mittel zum Zweck, neuer Okkultismus, die Wahrsagerin als Heiratsvermittlerin und so fort ...

Alles andere liegt viel näher: Sport, Schönheitspflege, Theater= stücke, ungelesene Bücher, Wohnungseinrichtungen, die Frau am Steuer, die Berufstätigen, Reiseziele, Sehnsüchte, Wünsche ...

Am wirksamsten sind rhetorische Fragen. Da kann man ruhig essen, der andere Teil überlegt und überschätzt den Fragesteller. „Was würden Sie tun, wenn . . .", „Versetzen Sie sich in diese Person", „Welches Tier würden Sie am liebsten sein, oder gar eine Pflanze?", „Kennen Sie die Unterschiede zwischen . . .", und da ist man bereits bei Witzen angelangt.

Am reizvollsten aber — die Themen um das „Du und Ich" — das Versteckspielen und Offenbaren, das Lügen und Wahrheitreden in einem Guß, das Bis=an=die=Grenze=Gehen in der Phantasie, gerade bei der Eisspeise oder dem prickelnden Sekt — doch wozu soll ich Ihnen das erzählen, das wissen Sie ja selbst ...

Requisiten des Flirts.

Der Sektquirl:

Ein kleines Zepter. Die Qualität entscheidet nicht, der hölzerne kann mehr ausrichten als der goldne in zart duftendem Lederetui. Für wichtige Pausen beinah unerläßlich. Er überbrückt Disharmonien, bringt Spannungen zur Entladung, dank seiner Kraft schäumt sogar — der Alkohol über. Er ist immer wieder zur Stelle, tatkräftig, folgsam und diskret. Schenkt euren Flirts „Sektquirle":

„Ob's Pommery, ob's Geldermann,
Ob's Rheingold Söhnelein —
Als Siegfried sieh den Sektquirl an
Und denke ,rührend' mein . . ."

Das Einglas:

Viele fühlen sich berufen, wenige sind auserwählt. Sinnlos schwärmte einst ein Backfisch von einem Jüngling, der das Monokel angeboren zu tragen schien, und endete mit dem unverständlich emphatischen Ausruf: „Wie traumhaft zwecklos!" Möglicherweise hat sie recht. Auf alle Fälle kann das Einglas für sich sprechen. Vom Standpunkt der Maske aus entbehrt es nicht des Reizes — das Verbergen innerer Empfindungen lockt den Betroffenen, und es gibt Frauen, die nichts mehr als das lieben . . . Sie wollen das Einglas zum Wanken bringen, wollen hinter schützendes Glas blicken, wollen wissen, wo das eine Theater aufhört und das andere beginnt. Wenn dann endlich das Einglas seinen Platz geräumt hat — atmen sie erleichtert auf und haben eine Kleinigkeit mehr zum Spielen . . .

Das Knallbonbon:

„Aus kindlichen Scherzen wird oft bitterer Ernst." Ersehntes Leitmotiv faschingssüchtiger Jugend — bis zu 60 Jahren! Man kann nie wissen, wie es endet, Schlangen, die sich um tanzende Körper winden, sie sozusagen verketten, Konfetti, das die Augen schließen läßt, für Sekunden blind macht, und nicht zuletzt das Knallbonbon, das Feuer entfacht, verbrannte Händchen zeitigt und für Überraschungen sorgt. Bessere Impresarien kann man sich suchen.

Das Vielliebchen:

Die Knackmandel — eine ständige Versuchung, hinter die äußere Schale zu dringen, um dort die Zweiteilung zu finden, die man sich erträumt. Ein Wort gibt das andere — der Wunsch zur Fortsetzung wird zum Vater des Gedankens: Vielliebchen! Und nun sind alle Pforten geöffnet — in die scharmanteste Form darf all das gekleidet werden, was sonst kaum zu gewähren wäre. Vor fünfzig Jahren begann es mit: „Guten Morgen, Vielliebchen", inzwischen entstehen Variationen aller Arten — jeder Individualität Rechnung tragend. — Ganz gerissene Genießer aber werden bei bestimmten Gelegenheiten beim alten Motto bleiben: „Guten Morgen, Vielliebchen!"

Über dem Tempo der Zeit

Kalisch

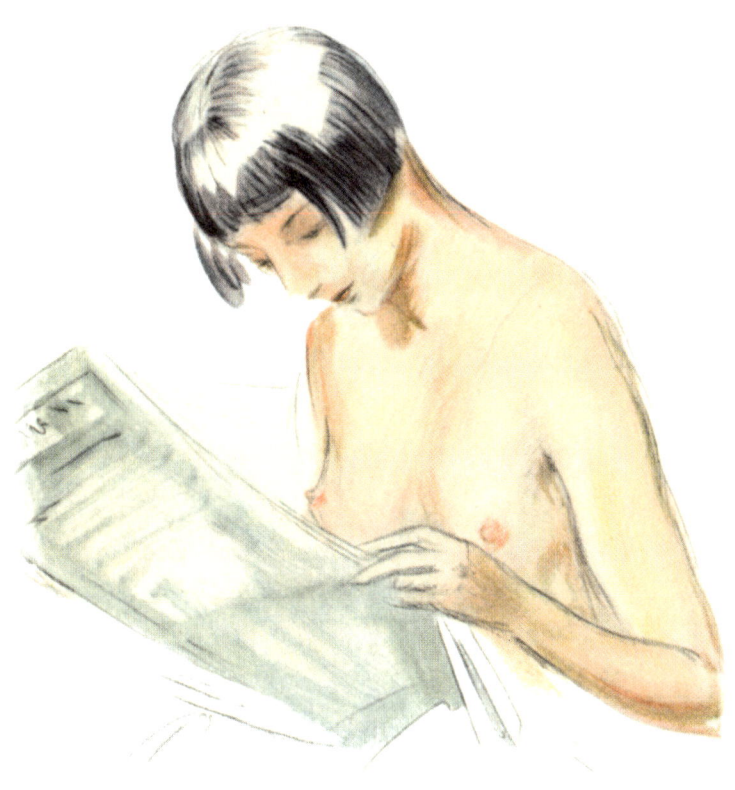

Die Hausfrau à deux côtés.

Wundern Sie sich nicht, gnädige Frau, so paradox es klingt, so zeitgemäß ist es! „Mondän" und „Hausfrau=sein" läßt sich vorzüglich verbinden. Trauen Sie nicht dem Kopfschütteln greiser Tanten, die kategorisch behaupten, um Herrin des Haus= haltes zu bleiben, brauche man täglich mindestens zwölf Stunden. Keineswegs! Alles geht doppelt so schnell und meist doppelt so gut wie früher. Legen Sie das Wort „Tempo" nicht falsch aus — es hat nichts mit Oberflächlichkeit oder Huschligkeit zu tun — Tempo bedingt: Konzentration in vermehrter Auflage, ver= bietet Trödelei — Nachlässigkeit.

Es ist ja so leicht: eine Stunde am Morgen, eine Stunde am Abend, ein gewandtes Mädchen, und der Haushalt läuft. Aber diese zwei Stunden: Zeit nehmen, alles besprechen, alles erledigen, alles anordnen, was gestern fehlte, vorgestern auffiel und heute morgen nicht klappte. Am allerbesten ist: Aufschreiben! Das macht gar keine Arbeit und verhindert Entschuldigungen: „Ich habe das falsch verstanden", „Gnädige Frau haben sich geirrt", „Ich dachte, es wären nur drei Personen" usw. usw.

Und ist einmal mehr zu tun, außergewöhnlicher Ereignisse wegen (um von großer Wäsche, Aufräumen und Einmachen ganz zu schweigen), wird man selbst Hand anlegen — man lernt immer etwas davon — aber das Stubenmädchen meist auch. Je größer der Haushalt — nicht: je schwieriger — sondern: je einfacher — die Regie. Der kommende Tagesbefehl wird abends oder zeitig morgens zu Protokoll gegeben und die Armee marschiert.

„Gnädige Frau, glauben Sie mir, Sie haben unendlich viel Zeit, à deux côtés zu changieren — unendlich viel Zeit, so mondän zu sein, „wie es Ihnen gefällt!"

„Ach, diefe Dienftbotenfrage!"

Ich finde fie wahnfinnig amüfant. Es kann einem gar nichts gefchehen, wenn man fie von der richtigen Seite betrachtet, Menfchenfinn und Humor hat. Ich verfpreche Ihnen, durch ge= wandte Art der Behandlung, felbft mit den fchwierigften Medien eine ausgezeichnete Wirtfchaft zu führen.

Refpekt ift der Grundfaktor, zugegeben — aber die Mittel zu diefem Zweck find meift andere, als die überempfindliche Haus= herrin ahnt. Verftändnis und Entgegenkommen, nicht Anfchreien oder Toben, find geeignet, alles das zu erreichen, was man will. Unfere ganze Generation hat fich gewandelt — und die Jofefs, Fritzens, Jeans, Friedas, Annas, Bertas und Emmas auch. Ergo. . . Die wenigften unter ihnen find bösartig — im Gegenteil, fie wollen fich wohl fühlen, zu Haufe fein, und find gerne bereit, ihren Auf= gaben nachzukommen. Wir alle haben Schwächen, alfo auch die Karls, Kurts, Pauls, Ernas, Maries und Gertruds. Vorhandene Mängel find mit Geduld zu befeitigen, aber nicht mit Wut; und will es gar nicht gehen, hat Ida zu fehr die Allüren einer Frau von Welt, mit ihren zwanzig Zigaretten pro Tag, oder Lene ein zu polygames Herz mit ihrem Kreis von Verehrern, der Chauf= feur Bob eine unwiderftehliche Neigung zum Alkohol und der Diener Peter zu ausgefprochene Cafanovagelüfte — dann trennt man fich in Frieden, Ruhe und Milde — denn Aufruhr und Szenen erfchweren die letzten Wochen und zeitigen nichts Gutes!

Schließen wir einen Pakt. Ich werde auf Wunfch Ihre Gretes, Metas, Annas, Johns, Charles und Toms zur Raifon bringen — fie Mores und andere Dinge lehren, dafür werden Sie mich dann unentwegt zu Ihren Reifen einladen, fo daß in meinem Haushalt die ganze „Dienftbotenfrage" ins Waffer fällt . . .

90

Fifi, Tipfi, Bobbi, Bulli und Pfiff . . .

Kein zartes Liebesgeflüster finn=
verwirrter Flirts an jugendliche
Ladies — nein, Namen treuester Hausbewohner, aller Dimensionen,
Arten und Rassen. So wie die Blume zur Frau, gehört das Haustier
zur Dame.

Namen verpflichten, Hundenamen nicht zuletzt. Deshalb gibt
es wohl die Kategorie der Obengenannten, aber sie sind keine
Schablone mehr. Individuelle Titel wurden ihnen zu eigen, und
in ihrem Wesen und Gehabe gleichen sie der jeweiligen Herrin
und den ihnen zuerkannten Würden.

Der hochgewachsene, stilisiert vornehme Barsoy promeniert auf
Parkwegen mit ebensolcher Grandezza wie die Besitzerin des
Schlosses, der freche Stichelhaarige, der in tollem Übermut das
ganze Schlafzimmer auf den Kopf stellt, hat mit seiner Herrin
Ähnliches gemeinsam, und gar das kleine Schoßpintscherchen
braucht genau so chronisch zärtliche Behandlung wie . . . nun,
wir wissen ja.

Jede Frau muß ahnen, zu welchem Tier sie Fühlung hat, das sie
pflegen und lieben kann, wie eigentlich nur ein Kind. Dort
ist es eine schneeweiße Angora, die schnurrend sich am
Seidenstrumpf der Gebieterin reibt, hier hüpft ein
Eichhörnchen vergnügt im sonnenhellen Käfig hin und
her, da frißt Jockei, der regenbogenfarbene Papagei —
im wahrsten Sinne des Wortes „aus der
Hand", und in jenen Raum und diesen Salon
gehören ohne alle Frage singende Vögel . . .

Feinfühlige Männer werden ihre
Auserkorenen beobachten, wie sie zu
den Tieren sind, und von dieser Fest=
stellung dürfte vieles andere abhängen.

91

Von Reisepaß und Flugkabine . . .

Bereit sein ist alles", merken Sie sich das, gnädige Frau. Seien Sie „fit", dann bleiben Sie jung. Schlagen Sie nicht die Hände über dem Kopf zusammen, wenn Ihr Gatte beim Frühstück erklärt: „Heute abend fahre ich auf vierzehn Tage nach Dänemark." Antworten Sie, Ihr Brötchen teilend, gütig: „Gemacht, mein Schatz, und ich fahr' mit." Erschrecken Sie nicht, wenn ein Dringdraht Sie zu einer Freundin auf ihr Landschloß zur Jagd oder ein befreundetes Ehepaar Sie zu einer Skitour ins Hochgebirge einlädt. Jammern Sie nicht in althergebrachten Refrains zimperlicher Modepuppen: „Aber mein Schneiderkleid, um Gottes willen, das Abendkleid ist noch nicht geändert, nie im Leben kann ich ohne Teekomplet, meine Breeches sitzen wie bei einem Zirkusclown." — Edle Göttin, Ihre mitleidige Schneiderin, ein erstklassiges Magazin, ein gutes Herrengeschäft können Ihnen alles Gewünschte binnen weniger Stunden preiswert zurechtmachen, ändern und liefern. Man muß sich nur zu helfen wissen, in der Not tut's auch eine Hausschneiderin, oft besser als ein fürstliches Modeatelier.

Und sonst — „das Packen strengt Sie so an" — entsetzlich! Dabei kann man eine Ausstattung für eine Weltreise in einer guten Stunde spielend beisammen im Schrankkoffer haben, und für zehn bis zwölf Tage — dazu genügt sogar jede „schwache Stunde" —

Überflügeln Sie die Zeit — machen Sie sich keine Umstände, wo keine sind, Reisepaß und Flugkabine sind jederzeit für Sie da, greifen Sie zu — reisen Sie ohne Kopfzerbrechen und mit Leichtigkeit — bedenken Sie, daß jeder Wasser-, Luft- oder Landweg Sie zu einer (symbolisch gesprochen) „Insel der Seligen" führen kann!

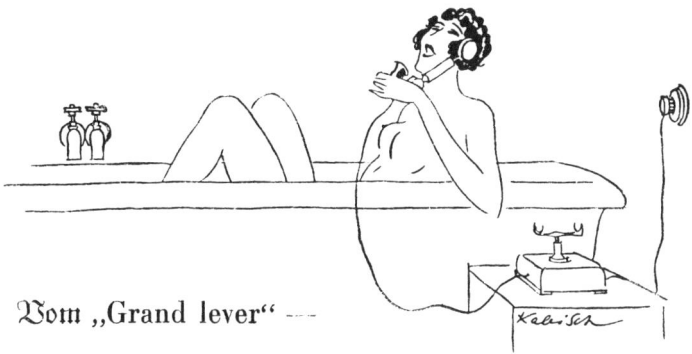

Vom „Grand lever" ---

„Die Zeiten kehren nicht wieder": Zarte Zofen am seidenen Bettrand, Tablette mit Post, Blumensträuße, wartende Modistinnen, Friseure und Verehrer. Mit einem hurtigen Satz wirft die junge Dame kaum sichtbare Dessous über schmale Hüften, wartet keine Hilfe, kein Zurechtlegen und Ankleiden ab, klopft höchstens der Masseuse freundschaftlich auf die Schulter, liest dabei eingegangene Briefmassen und Zeitungen, beantwortet dieselben sofort telephonisch, badet in eiligem Genuß und hat „eigentlich zu nichts mehr Zeit".

Zeitungsblätter flattern auf den Schreibtisch, Kochrezepte und Einladungen liegen dazwischen, alles wird begutachtet, kritisiert und erwogen. Wenn es keine Klingeln gäbe — nicht zum Ausdenken! Organisation an allen Ecken und Enden. Keine doppelten Befehle — die Tageseinteilung liegt vor, jede Stunde bestimmt: Golf- oder Tennisplatz, Schwimmen oder Coiffeur, Anprobieren oder Shopping — Frühstück, Bridgenachmittag, musikalischer „Five o'clock" oder Tanztee im Hotel — kurzer Imbiß vor dem Theater, Kleider liegen bereit — ob nach der Vorstellung Essen, wird noch angesagt, kurzum — man weiß Bescheid!

So macht es Spaß und so klappt es wie am Schnürchen, und selbst, wenn man alles in einer Person — wenn man als Junggesellin auf sich selbst angewiesen ist — um so besser!

Das „grand lever" hat sich überholt — die Vielseitigkeit der Frau, ihr Temperament haben es für geeignetere Stunden umgelegt — verschiedene Modulationen geschaffen — sozusagen: den Morgen auf den Kopf gestellt. Aus dem „grand lever" ist ein „grand coucher" geworden!

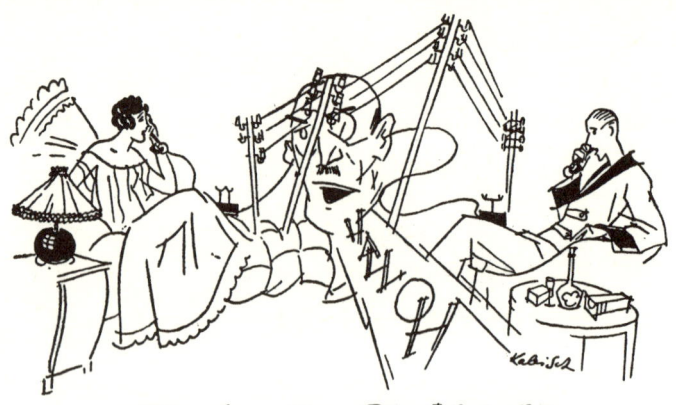

„Aber so melden Sie sich doch!

... ich warte schon seit einer halben Stunde, da muß man ja verrückt werden, und das alles wegen einer einzigen Nummer, — ist ja toll!"

Ach, das Telephon! Daß man so leiden muß! Doch geht es einmal kaputt, ist man erst recht völlig aufgeworfen.

Geliebter treuer Apparat, du größter Quälgeist, aber du Retter in der Not, du „Indiskretin" und „Postillon d'amour". Jeder von uns ist ersetzbar, wenn er stirbt, aber du bist unentbehrlich!

Nur dein Ton ist aufreizend — man schreckt unwillkürlich aus dem Schlaf auf: „Wer kann das sein — richtet das Mädchen auch richtig aus? Um des Himmels willen, wenn es aber jemand anders ist — man könnte was verpassen, um alles in der Welt keine Verwechslungen!"

Aber dann bist du wieder von phantastischer Zärtlichkeit. Da singst und flötest du sozusagen. Man kann dein Surren nicht erwarten, man springt elektrisiert auf und reißt dich an sich — was willst du mehr?

Mitunter muß man dich verleugnen — dich einfach nicht kennen, sich suggerieren, daß du nicht existierst. Es ist gemein, zugegeben, aber verlaß dich darauf, wenn man immer und bereitwilligst bei jeder Bagatelle zur Stelle wäre, unnötigerweise seine Lippen auf deinen schwarzen Kelch legt, dann würde man dich bald ganz meiden und überbekommen, und das mag man eben nicht, du verstehst!

Jetzt will man dich auch zu einem Fernseher kultivieren. Laß das unter keiner Bedingung zu; gerade die Stimmen sind es, die unsere Illusionen erhalten, und was unsere Ohren glauben, sollen unsere Augen nicht zerstören, bleib so, wie du bist, geliebter treuer Apparat!

94

„Man gibt ſich die Ehre" —

iſt längſt zur bloßen Formel erſtarrt. Glaubt aber keinesfalls, daß
die Haſt unſerer Zeit die Formen erſtickt! Manche gelten und
werden immer von Wichtigkeit ſein. So die Einladungen, die
Viſitenkarten und die Dankſagungen.

Je einfacher — deſto vornehmer, je vornehmer — deſto beſſer.
Hier die Lithographie:

Regierungsrat Dr. Fritſch und Frau Fritſch
geben ſich die Ehre
Herrn Kommerzienrat H. Hartung
und Frau Gemahlin
zum Abendeſſen für Dienstag, den 7.2.1928
abends 9 Uhr zu ſich zu bitten

U. A. w. g.   (Frack)

Genau ſo die Viſitenkarten. Nie die Titel des Mannes — nie
und unter keiner Bedingung. Ein „faux pas", der ſich gewiſſer
Beliebtheit erfreut: „Frau Dr., Frau Sanitätsrat, Frau Ober=
leutnant", unlogiſch, unfein, nicht zum Anhören. Über Fakſimile
läßt ſich ſtreiten. Sind die eigenen Schriftzüge ſehr ſchön, ſehr
individuell, ſehr ausgeprägt — meinetwegen, aber es iſt ein wenig
aufdringlich, ein wenig zu deutlich, ein nicht mißzuverſtehender Weg=
weiſer auf ſich ſelbſt.

Viſitenkarten — en tout cas! Man dankt mit ihnen, lädt zu
kleinen Veranſtaltungen auf ihnen ein, ſagt ab oder zu und gibt ſie
— nicht zuletzt — bei Beſuchen ab. Auch dieſe Sitte hat ſich in
unſer Jahrhundert hinübergerettet. Man protokolliert ſozuſagen
den Wunſch, miteinander zuſammenzuſein, ſich wiederzuſehen,
eventuell mehr. Die Älteren fordern die Jüngeren auf — die
Jüngeren geben die Karten ab. Die Dame nur der Dame, der
Herr für den Herrn ſowie die Dame, das Ehepaar gemeinſam auf
einer Karte, außerdem gibt der Ehemann ſeine eigene Karte hinzu,
falls es ſich um einen Beſuch bei Mann und Frau handelt.

Aber das genügt auch. Nicht wie einſt muß ein feierlicher Kutſcher
und Diener auf dem Bock ſitzen, nicht wie Anno dazumal brauchen
die Beſuchenden halbſtündige gelangweilte Geſpräche pflegen —

der kleine Kniff in die rechte Ecke der Visitenkarte besagt, daß die Herrschaften „leider" abwesend waren. — —

Es gibt eine ganze Visitenkartensprache, die man zu lernen hat. Früher schrieb man gern in französischen Abkürzungen, heute hat man meist verdeutscht: U. A. z. n. (Um Abschied zu nehmen), U. A. w. g. (Um Antwort wird gebeten) usw. usw. Unbedingt vorteilhafter — um eventuellen Verwechslungen vorzubeugen, wie sie einer sogenannten „jungen Dame" passiert sind, welche das „p. p. c." (pour prendre congé) als geheime Aufforderung gedeutet hat — und schwer enttäuscht gewesen sein soll . . .

Obwohl dies alles: Formalitäten, „façon de parler" — liebens= würdige Redensarten —, sind sie unumgänglich und gehören in den Sittenkodex der großen Frau von Welt. „Man gibt sich die Ehre" — einzuladen, zu was es auch sei. Und — „wie es in den Wald hineinschallt, so schallt es heraus". Oft schwankt man ein wenig und überlegt: „Wie danken, was antworten, ist es so richtig, scheint das auch passend?" Dabei ist es so einfach, genau in derselben Form, in der ihr eingeladen seid, erwidert! Ebenso sachlich oder ebenso schwülstig, ebenso poetisch oder prosaisch —

Eine Frage dieses Themas gibt die andere. Wenn nichts vor= geschrieben, ist, was ziehe ich an? auch nicht schwer. Der Jahres= zeit und Stunde entsprechend. Zum Essen nach acht Uhr: Smoking und korrespondierendes Kleid, wenn nicht ausdrücklich anderes be= fohlen. Zu Sommerausflügen oder kleinen Zusammenkünften in Restaurants und Bars dunkle Anzüge — Straßenkostüme und Komplets. Ins Theater nach Möglichkeit Abendanzug, zu Premièren sogar Bedingung! Zum Lunch Tageskleidung, die Dame mit Hut, wenn sie will. Frack und Smoking gehören nicht bei Tageslicht auf den Spielplan des täglichen Lebens — genau dasselbe gilt von der Kleidung der Lady im parallelen Vergleich.

Wenn ich eingeladen bin, schenke ich was? Zu ganz offiziellen Gelegenheiten überreicht man nichts. Sonst steht es dem Gast anheim, durch Blumen, Bücher oder Konfekt seinen Dank über die Einladung zum Ausdruck zu bringen. Diese kleine Geste wird nie abge= lehnt, im Gegenteil. Durch ein aufmerksames Angebinde im richtigen Augenblick darf man sich dann öfter „die Ehre geben", als man zu hoffen gewagt hat!

„Erst Manieren — dann Moralen" —

Der gute Oskar Wilde hat goldrecht! Das Moralische eines Menschen geht mich zunächst gar nichts an. Aber seine Manierlosigkeit kann zur Last fallen, unerträglich, irritierend und unheilvoller wirken als irgend jemand mit einem sogenannten „schlechten Charakter", der verborgen im Innern blüht.

Ich will mit Leuten zusammen sein, bei denen ich mich nicht über jedes Wort ärgere, die nicht durch geschmacklose Kleidung auffallen, die nicht mit Zeigefingern wie mit Fernstechern arbeiten, die mit Gabel und Messer nicht wie mit Zahnarztinstrumenten umgehen, und die ihr Sprechorgan nicht so laut hantieren, als sei es ein Megaphon beim Sechs-Tage-Rennen.

Ich finde es widerlich, wenn sich Fräulein X ungeniert vor der vierzigjährigen Frau L. durch die Türe drängt, wenn der grasgrüne niedliche Backfisch der sechzigjährigen Gattin eines Diplomaten ein scharfes „shakehand" absolviert, anstatt sich galant über die Hand zu beugen, unmöglich, wenn der Ehemann oder Begleiter immer auf der rechten Seite der Dame spaziert (ausgenommen an der Fahrdammseite, wo dies als Schutz gelten kann), kompromittierend, wenn sich Verheiratete oder sonst Befreundete vor anderen moralische Ohrfeigen geben, um von sonstigen Agressivitäten ganz zu schweigen. „Schmutzige Wäsche vor anderen Leuten waschen", heißt unerzogen sein. Es gibt viel mehr unerzogene Menschen, als man wünscht, aber wahrscheinlich viel moralischere, als man ahnt, was wir aber gar nicht wissen wollen.

Denken Sie immer wieder daran — keine Manierlosigkeiten! Es ist mit der „guten Kinderstube" wie mit den Pocken — wer sie einmal durchgemacht hat, ist gezeichnet. Die „Gezeichneten" sind die Lieblinge der Welt — ihnen stehen die Tore offen, sie werden Karriere machen. Lieber einen Handkuß zu viel als einen Blumenstrauß zu wenig, verschwenden Sie ihre Liebenswürdigkeiten — in anderen Dingen dürfen Sie dann entsprechend geiziger sein . . .

Und am Wochenende?

Gott sei Dank — wir haben das Wort gefunden, das uns das gibt, was wir seit Jahren suchen: „weekend"! Besonders wir, die wir in Großstadtmauern darben, so mit der Sucht: ... Luft, Luft und Natur über Natur!

Nicht wahr, Sie spielen auch mit dem Gedanken? Man spielt immer damit: ein kleines Dreizimmerhäuschen, ganz nach eigenen Ideen, ausgesuchtem Geschmack — man sieht es schon vor sich — am Waldende vor dem See, inmitten eines selbstangelegten Staudengartens. Mit Giebel natürlich, oder lieber nach japanischer Art? — letzter Schrei. Man muß überlegen. Diele, Eß- und Wohnzimmer als ein Raum — geht vorzüglich, ein Schlafraum, natürlich Riesenlotterbett, eingebaute Waschgelegenheiten, ein Gast- oder Kinderzimmer, Miniaturküche — herrlich!

Das Herz wird einem so schwer gemacht. In allen Läden die verlockendsten Dinge: fürs Wochenendheim, fürs Landhaus, ach — und noch ist man nicht so weit. Noch weiß man nicht: wo! Noch fährt man Sonnabend um Sonnabend kreuzweise in die Gegend. Das gibt Stoff zu debattieren: „Ich bin für S. — gleich hinter dem Kurhaus, so nah von der Stadt." — „Bloß nicht nah von der Stadt, und möglichst ohne Leben. Ich finde die Berge von M. bedeutend reizvoller als den winzigen See." — „Aber ich bitte dich, winzig — dreitausend Meter —" — „Gehen wir doch probeweise nächste Woche mal nach L., dort soll es am idyllischsten sein." — „Kein Gedanke, K. gilt als unübertrefflich."

„Wer die Wahl hat" — und was gibt es nicht alles für begehrenswerte Orte! Man kommt zu keinem Entschluß — aber sucht, fährt hinaus, genießt, spinnt Pläne, überlegt und wiegt sich in Phantasieschlössern, die doch am Ende einmal zu kleinen „Weekend-Häuschen" werden.

98

Zwischen Lippenstift und Kelchesrand.

Eine Spanne Zeit — die immer ist, in der man sich gerade befindet, sei es beim Essen, nach dem Theater, im Auto, auf dem Sportplatz, beim Tee, im Dekolleté, im Hauskleid und im Badeanzug.

Der gewisse Augenblick, der Pausen ausfüllt, der ein Gespräch beendet, um ein neues einzuleiten, der die Ehemänner leicht nervös und die Verehrer noch galanter, noch aufmerksamer macht.

Ohne den immer wiederkehrenden Moment, der uns unmerklich zusammenzucken läßt: „Sehe ich noch ebensogut aus wie vorhin?" wären wir um vieles weniger sieghaft. So aber dürfen wir in aller Ruhe, mit all dem Reiz einer halb verbotenen, halb gestatteten, halb frivolen, halb selbstverständlichen Pose — in den Spiegel schauen, uns pudern, schminken und nicht zuletzt die Lippen färben.

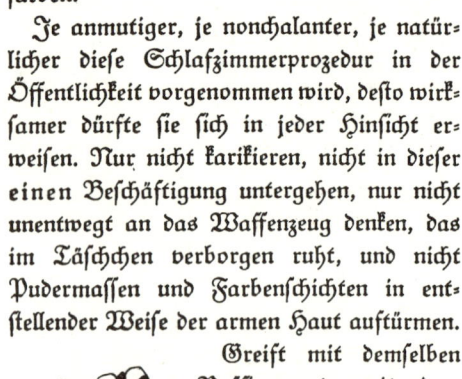

Je anmutiger, je nonchalanter, je natürlicher diese Schlafzimmerprozedur in der Öffentlichkeit vorgenommen wird, desto wirksamer dürfte sie sich in jeder Hinsicht erweisen. Nur nicht karikieren, nicht in dieser einen Beschäftigung untergehen, nur nicht unentwegt an das Waffenzeug denken, das im Täschchen verborgen ruht, und nicht Pudermassen und Farbenschichten in entstellender Weise der armen Haut auftürmen.

Greift mit demselben Raffinement, mit derselben liebevollen Sachlichkeit zum Lippenstift wie zu dem zarten Cadeau eurer Flirts, in jener grazilen Gelassenheit, mit der ihr auch sonst viel ernstere Dinge des Lebens — spielend ad agendum et ad acta legt —...

Der Stimmungsmacher.

Sie blicken erstaunt auf: „Stimmungsmacher — das ist aber nicht fein, das habe ich nicht nötig!" Doch haben Sie ihn nötig, gnädige Frau, und er ist sogar sehr fein. Früher vielleicht, zugegeben, da war er eine Art Bastard, der sich erst nach und nach ummodelte. Aber jetzt — nicht zum Wiedererkennen: ein Fürstenkind. In jedem Format, wie Sie ihn wünschen, klein, groß, elektrisch, zum Ankurbeln, zum An- und Abstellen mit der Hand, ganz diskret, nach Wunsch laut und überall verständlich. Aber was rede ich da, Sie haben ihn längst im Haus, benutzen ihn fast täglich, kommen ohne ihn nicht mehr aus, ich schwöre es Ihnen, Sie geben mir recht, denn es handelt sich um: das Grammophon!

Eigentlich ist es genug gesagt. Wir wissen das alle, seine Macht hat sich gesteigert. Ehemals löste er aus sanften Träumen, heute kann er in solche wiegen oder wunschgemäß auch anders wirken, denn er ist ja so vielseitig. Die prickelndsten Blacks und Jazzes, die blendendsten Niggersongs, die aufregendsten Bostons und Pasodoubles, die unwahrscheinlichsten Tangos und die zärtlichsten Lieder —

Natürlich alles zu seiner Zeit. Nach dem Souper im Wohnzimmer, ohne daß man es ahnt — hurra, man kann tanzen! Im Paddelboot, am Strand, in viertausend Meter Höhe in der Schutzhütte, im Eisenbahnabteil, bei der Siesta im Wald, beim Picknick, ja sogar im Flugzeug einbildungsweise — überall wirkt die vermittelnde Musik anders, deutlich, eindrucksvoll.

Je nüchterner der Tag — je stärker die Sensibilität der Töne. Deshalb — ich will es gar nicht wiederholen, Sie wissen ja selbst, gnädige Frau: „Der Stimmungsmacher!"

Nichts ohne den Notizblock!
(Alltägliches Erlebnis.)

Er: Wohin so eilig, gnädige Frau, darf ich Sie begleiten?

Sie: Aber schnell — nehmen wir einen Taxi, ich muß zur
Photographin, Pariser Straße — Gott, die Nummer
— wie gut, daß man aufschreibt! (Kramt in fabelhafter
Hast in ihrem Henkeltäschchen.)

Er: Unerhört inhaltsreich (blickt belustigt auf): Schlüssel,
Puderdosen, Lippenstifte, Portemonnaies, Briefe, Rech=
nungen, Kämme, Taschentücher, Führerschein und lauter
süße Kleinigkeiten mehr —

Sie (unentwegt kramend): Ich bin nämlich wahnsinnig
ordentlich, wissen Sie, ich schreibe mir jeden Tag alles
genau auf, was ich zu erledigen habe, wer zu mir
kommt, wem ich telephonieren oder absagen, wen ein=
laden, wen besuchen muß, selbst die prekärsten Fragen
werden in dieses kleine Notizbuch — es muß in der
rechten Ecke sein — werden in diesem kleinen Notiz=

buch — wenn Sie mich ansehen, stören Sie mich, dann
finde ich es nie, gucken Sie fort — werden also in
diesem kleinen Notizbuch — ach, es ist zum Verzwei=
feln . . . (Wirft alles wieder hinein und alles wieder
auf ihren Schoß.)

Er (schüchtern): Möglicherweise in Ihrer Kostümjacke?

Sie (erleichtert): Natürlich. Da ist es sonst immer, aber seit
zehn Tagen — Unsinn, erst gestern — warten Sie mal.
(Durchstöbert absolut erfolglos, aber intensiv ihre
sämtlichen Kleidertaschen.)

Er (begütigend, heruntergefallene Dinge aufsammelnd):
Eine Frau wie Sie hat das gar nicht nötig — Sie
wissen doch alles auswendig, ich bitte Sie, ich kenne
jede Photographin der Stadt, ich fahre Sie sogleich
hin —

Sie (erlöst, alles wieder ordnend): Ja, mein Gedächtnis ist
fabelhaft. Lassen wir das Notizbuch, dabei fällt mir
ein, daß es auch gar nicht die Photographin heute ist,
sondern der Zahnarzt, zu dem ich nun zu spät komme
— hinterher wollte ich — (Sieht ihn hilfeflehend
an.)

Er (galant): Hinterher hatten Sie mir versprochen, mir
in die Galerie zu folgen, um den neuen Fiori zu begut=
achten und bei dieser Gelegenheit in der Frühstücks=
stube —

Sie (wie am Schnürchen fortfahrend): bei Horcher ein
Brötchen Kaviar zu verzehren — wie kann man nur
so vergeßlich sein — ohne sein Notizbuch ist man
einfach verloren — tägliches Malheur!

Uraufführungen — Empfänge — Bankette Jubiläen.

Ein endloser Reigen. Wenn das eine anfängt, hört das andere auf. Man hat's nicht leicht im Strudel rollender Ereignisse, aber — man gehört dazu.

„Sie gehen doch zur Première?" — „Aber ich bitte Sie, wir waren doch die ersten, die Karten gehabt haben." Drei Stunden später versucht man krampfhaft, mit doppelten Preisen noch Plätze zu bekommen. „Wir sehen uns morgen in der amerikanischen Botschaft." — „Um ein Haar hätte ich den ‚rout' vergessen, gut, daß Sie mich daran erinnern!" Und nun wird nach allen Seiten abtelephoniert. „Wissen Sie, daß außer Ihnen nur noch drei Frauen zu dem Bankett am Dienstag gebeten sind?" — „Noch drei, ich bin schwer enttäuscht, ich dachte, ich wäre die einzige." Das blaue Georgettekleid wird abbestellt, ein silbernes Brokat tut's auch. „Ich bitte dich, Lissi, morgen früh um zehn mit mir zum Jubiläum des Geheimrats X zu fahren." — „Wenn du mir meine Golfstunde bezahlen willst, gern — sonst unter keiner Bedingung!"

„Einmal daran gewöhnt, läßt man ungern davon" — von der Bühne des Lebens, auf welcher wir uns mit ganz besonderer Vorliebe immer wieder in anderen Rollen, anderer Gestaltung und Kleidung bewegen und — in Szene setzen. Ein Konkurrenzunternehmen, das ebenso leicht auf einen grünen Zweig als zur Pleite führen kann. Ein Hasard, der genau so lockt und langweilt wie am grünen Tisch. Nur für den, der den letzten Stich behält, ist er von Interesse.

Und dann stöhnen nach durchtanzten Nächten mit verschlafenen Augen und schweren Köpfen die armen Genießerinnen: „Was wir nicht alles opfern müssen!" Es ist nicht so schlimm, wie es aussieht, Gnädigste, eine Frau, die sich „opfert" — opfert sich nicht!

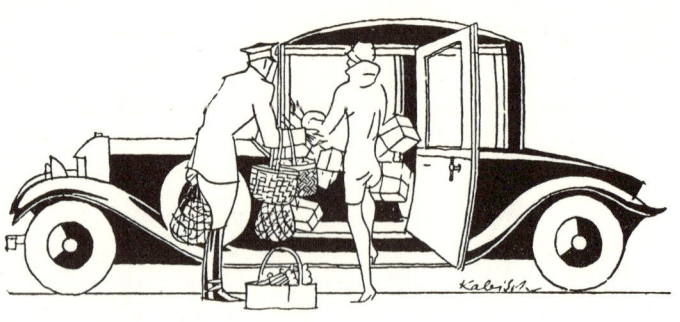

„Shopping — Shopping — Shopping!"
Typischer Monolog.

Ich muß einkaufen — jeden Tag, jede Stunde — beinahe jede Minute. Es häuft sich wahnsinnig; eins kommt zum andern und — selbst — ist die Frau. (Man ist viel sparsamer als das Mädchen, versteht mehr davon, hat gewissermaßen auch mehr Zeit und tut es — schließlich ganz gern.)

Von Kleidungsdingen ganz zu schweigen, dazu braucht man sowieso täglich eine Weile, denn immer ist irgendein Rock zu eng, ein Dessous entzwei, ein Strumpf gerissen, ein Ton nicht vorrätig, ein Schleier unmodern, ein Modell nicht bestellt, ein Kostüm kaum probiert und eine Novität nicht besichtigt —

Nein, ich meine auch die täglichen Sorgen, die häuslichen Kleinigkeiten: Nähgarn, Modejournale, Kragenknöpfe, Badesalz, Talkumpuder, Gemüsegrün, Nagelscheren, Fleckenwasser und ähnliches mehr.

Um alle diese Dinge sollte man sich selber kümmern — man erweitert seinen Gesichtskreis, seine volkswirtschaftlichen Interessen, kurzum seine Gesamtbildung. Deshalb muß ich noch lange keine haarnetzähnliche Geschwulst oder ein samtenes Henkeletwas am Arm halten, nein, deswegen noch lange nicht. Heute packen die galanten Verkäufer alle diese Dinge in entzückende Kartons, Schächtelchen und Tüten, immer eins zum andern, bis man eine kleine Pyramide im Arm hält.

Ich kaufe wahnsinnig gern ein, Fleisch, Fische, Mohrrüben, Kürbisse, alles, was in Frage kommt, ich gebe immer fünfzig Pfennig weniger aus als Ida, aber diese rechne ich dann an dem Taxi ab, das ich bis zur Markthalle hin und zurück nehmen muß — billiger als ich kann man wirklich nicht wirtschaften!"

106

Kabisch

Loge Nr. 7 —

Der Aufzug rauscht. Galonierte Diener schlagen die Portieren beiseite, befrackte Pagen verneigen sich devot, überreichen ein Programm, öffnen die kleinen Seitentüren, das Orchester setzt ein, man versinkt in Samt und Seide, schließt die Augen, glaubt sich annähernd im Maharadschapalast in Indien und befindet sich in einem ganz gewöhnlichen — Kino, wie es fast an jeder dritten Straßenecke eines gibt.

Ja, ja, man hat schon sein zeitgemäßes „buen retiro", in dem nichts mangelt, und das sogar nach Belieben für Ablenkung sorgt. Musikpiècen aller Genres wiegen einen wunschgemäß in die Stimmung, die man gerade bevorzugt, und der Film kann Bezug haben, wenn man will — wenn nicht, gibt es genügend andere Gesprächsstoffe.

Erfrischungen von Limonaden bis Kaugummi und von Apfelsinendrops bis Wiener Würstchen bekommt man startbereit angeboten, für das leibliche und geistige Wohl sorgt die Umgebung, so gut sie kann, und nun liegt es an einem selbst oder an der Begleitung, die Stunden im Kino zu einem Filmerlebnis im „siebenten Himmel" werden zu lassen.

Meine Bücher . . .

Ich befand mich einmal in einer feenhaften Bibliothek. Unwahrscheinlichste Erstausgaben, herrliche Ledereinbände, Subskriptionswerke, fabelhafte Kupferstiche präsentierten sich in blendender Reihenfolge, alphabetisch geordnete Tafeln erleichterten das Heraussuchen und Betrachten gewünschter Bücher — kurzum: ein Idyll kulturellster Art, das für seine Bewohner „Bände sprach".

Ich beglückwünschte den Hausherrn. Er war stolz und bescheiden. Auf meine Frage nach einzelnen Stücken gab er undeutlich oder scheinbar gelangweilt Antwort. Das wunderte mich. Schließlich konnte ich nicht mehr an mich halten und platzte heraus: „Aber Sie müssen sich doch eigentlich erinnern, wo und wann Sie den prächtigen Faust, den himmlischen Voltaire und den seltenen Luther erstanden haben!" Und ganz gemächlich und mit größter Selbstverständlichkeit entgegnete der strahlende Besitzer: „Die Zusammenstellung der ganzen Bibliothek habe ich meinem Architekten überlassen, und der hat sie wunschgemäß irgendwo erstanden." Ich bekam sozusagen einen Schlag ins Gesicht, von dem ich mich nur schwer erholen konnte.

Liebste gnädige Frau — „bestellen" Sie sich keine Bibliotheken, überlassen Sie diese Groteske den „nouveaux riches" — jenen sind sie prädestiniert, Ihnen nicht. Lassen Sie sich nicht zu sehr bestimmen. Wählen Sie in dem Ihnen eigenen Geschmack diejenigen Schriftsteller und Bücher, die Ihnen persönlich etwas sagen, in denen Sie mit Freude blättern und immer wieder etwas Erfreuliches finden. Von Unruh bis Goethe und von Hamsun bis Mann, von Rilke zu Anet und von Dostojewski bis Verlaine, oder wen Sie sonst mögen. Vor allem reden Sie sich nicht ein, daß Sie keine Zeit zum Bücherlesen haben — eine Stunde der Sammlung findet sich immer. Man braucht noch etwas anderes, als einen flüchtigen Blick in die Zeitung.

Die auferstandene Dame ist ohne eine gute Büchersammlung nicht denkbar!

„Von Mitternacht bis morgens"

Wenn der Vater mit dem Sohne . . ." zieht nicht mehr. Es könnte beſſer heißen: „Wenn die Tochter mit der Mutter!" Sie dürfen jetzt, alle beide zuſammen, getrennt, in Begleitung, ganz wie ſie wollen — in das Ziel und die Sehnſucht der Backfiſche und Halberwachſenen — in: die Nachtlokale.

Es hat ſo einen vielverſprechenden Timbre, dieſes ehemals beinahe „obſzöne" Wort, man ſtellt ſich die unwahrſcheinlichſten, verlockendſten Dinge in ihnen vor, Venusberg ein Kinderheim dagegen — und ähnliches mehr oder weniger! Obwohl dieſe Orte faſt alle die gleichen Tendenzen, die ähnlich verführeriſch von lachs= bis ſonnengoldſchimmernden Lämpchen, die weinrot gepolſterten Seſſel mit Goldlehnen, die dazugehörigen Teppiche, Blumenſchalen, Sektkelche und Bardamen haben, bleiben ſie nach wie vor anziehend — die Nachtlokale.

Der Reiz liegt wahrſcheinlich in der Stunde. Die anderen ſchlafen, man iſt wach, angeregt, in Stimmung verſetzt und ſenſationsluſtig. Man weiß zwar genau, was kommt, was man trinkt, wenn man in die Bar geht, wenn man wieder zu eſſen anfängt, wenn man aufbricht, Müdigkeit markiert und doch weiterzieht, weil nebenan ein neuer Revueſtar oder gegenüber ein argentiniſcher Mixer oder um die Ecke zwei angewachſene Zwillingsſchweſtern auftreten, man weiß alles ganz genau und lacht doch, wird munter, fröhlich und guter Laune.

Die Amüſierkurve hat ihre Höhepunkte. Ihre beſte Zeit liegt zwiſchen eins und drei. Die Gefahrenzonen tauchen gegen elf, halb eins und ab halb vier Uhr auf. Macht mit, ſolange ihr hübſch, friſch und fröhlich ausſeht, aber verſchwindet heimlich und leiſe, wenn ihr euch zwingen müßt, Spaß zu haben. Wir befinden uns aber in einem guten Training, und ſeitdem wir es „dreizehn" ſchlagen hören, ſpielen die reſtlichen elf Stunden kaum eine Rolle mehr!

110

Im Schlafcoupé —

Ob mit Recht oder Unrecht, bleibe dahingestellt, auf alle Fälle ist dieses Thema viel besprochen, besungen und gern gehört. „Ach, Schlafcoupé!" lachen die Siebzehnjährigen, grinsen die dreißigjährigen Herren der Schöpfung, lächeln die jungen Frauen und kopfschütteln die Älteren.

Ein bewegliches Hotel. Alles, was extraordinär scheint, noch nicht zur Gewohnheit wurde, gibt zu Diskussionen, zu Proben, zu Amüsement Anlaß. Der Schlafwagen fordert zu diesem Hinweis ausgesprochen heraus!

Die fremde Umgebung, die Nähe und dabei das Getrenntsein von den anderen, das Gefühl des jagenden Tempos, das schnelle Überwinden von Zeit und Ort, das Monotone des Räderrollens, das alles spornt die Phantasie, die Sucht zu Erleben an, und daher — Sie verstehen!

Man weiß letzten Endes ja nie, wie es ausgeht — in der Zeit der vielen Unglücke, unwillkürlich denkt man daran, wenn man in seinen Pyjama schlüpft und die Pantöffelchen zurechtlegt. Deshalb soll man zu den Mitfahrenden auch besonders liebenswürdig und höflich sein! Tatsächlich kommen nach genauer Statistik die wenigsten Reibereien und Zwischenfälle in den Schlafwagen vor.

Das weiße viereckige Kissen unter dem Kopf, die rote Wolldecke über den Knien, einen Spalt des Vorhangs offen, um neugierig die Stationen zu lesen, die Hand an der Lichtschnur oder der Leselampe und den Schlafkamerad über oder unter sich — nicht immer geht das nach Wunsch, wenn auch oft nach Einigung — und „Der Weg ins Freie" wird abgerast.

„Fürchten Sie keine Entgleisungen, auch im physischen Sinne, bei Ihren vielen Fahrten?" fragte eine boshafte Brünette eine Dame, die aber mit Rochefoucauld gewandt entgegnete:

„Das Herz ist vor Entgleisungen stets sicher auf den Schienen des Verstandes!"

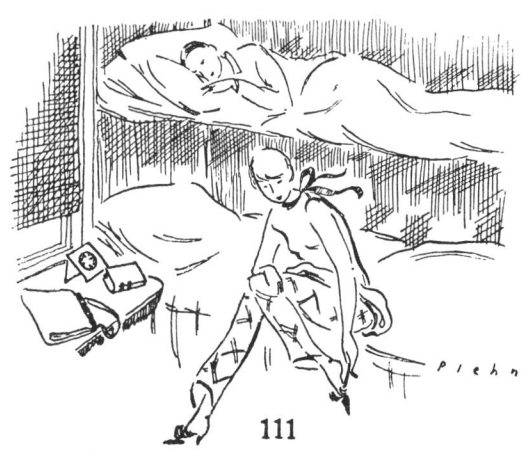

Vor und hinter den Kuliſſen der Wohltätigkeit.

Adele: Morgen iſt der große Blindenbaſar, ich bin hinter dem
Sektzelt, ſämtliche Leutchen ſind zuſammengetrommelt, wir
haben uns alle neue Kleider anfertigen laſſen, verkaufen
wird man ſowieſo nicht viel, außerdem iſt es viel zu lang=
weilig, einen ganzen Abend am Büfett rumzuſtehen, aber ich
denke, Erich wird erſcheinen, und dann — adieu Baſar . . .

Lili: Man muß ja mitmachen, ob man will oder nicht. Aber
das ſoll ein Vergnügen ſein, na, gute Nacht, Herr Meyer.
Bei ſo einem muſikaliſchen Tee kauft doch kein Menſch
Loſe. Im Gegenteil, die Herren weichen mit Bockſprüngen
aus, und die Damen flöten: „Mein Mann hat ſchon,
liebes Kind.“ Ich denke, wenn Mama der Frau Präſident
Blumen überreicht, kann ich ausrücken.

Aſtrid: Mal eine nette Idee, ein Wohltätigkeitsbridge, außerdem
ſehr elegante Frauen und gut ausſehende Männer, ſehr
anſtändige Sandwiches und Roſenblattzigaretten. Bloß daß
man Geld geben ſoll, iſt langweilig. Sonſt verkaufe ich
bei ſolchen Gelegenheiten, da koſtet es nichts. Heute muß
man anſtandshalber — ich habe mir auf alle Fälle zwanzig
Mark mitgenommen, da kann nicht viel geſchehen.

Irma: Ich haſſe dieſe offiziellen Wohltätigkeitsveranſtaltungen,
wo die Armen das wenigſte bekommen. Wenn man wirklich
Gutes tun will, braucht man nur die Augen aufzumachen
und nicht wegzuſehen, wie die meiſten. Wer Zuſchauer zu
Almoſen braucht, gibt ſich ein ſchlimmes Armutszeugnis,
aber wer viel, gern und heimlich ſchenkt, weiß ſelbſt, wie
befriedigend das iſt!

„Quick lunch — dinner — supper"

Jeder sein eigener „Lyons". — Schütteln Sie nicht miß=
billigend den Kopf, schöne Leserin, sagen Sie nicht
zürnend: „Was ist das wieder für ein Quatsch?" — sondern
hören Sie mir eine Minute geduldig zu.

„Lyons" gleich „Aschinger", das eine in London, das andere
in Berlin. Das Hauptprinzip dieser „Lyons" ist das „Quick",
das „Husch=husch", „Tischchen, deck dich", runter, weg!

Das sollen Sie auch können, göttliche Hausfrau, heutzutage
leichter denn je. Nicht immer kann man fürstliche „midnight-
suppers", wie im zweiten Teil vorgeschlagen, präparieren,
nein, man muß auch, „über dem Tempo der Zeit" stehend,
auf eins, zwei, drei „kleine Schlaraffenländer" aus dem
Erdboden stampfen!

Es geht ja so schnell, es gibt in den Stadtküchen und
Delikateßgeschäften so viel Halb= oder Ganzfertiges vorrätig.
Natürlich, sie müssen wirklich da sein — auch um zwei Uhr
nachts — also immer ein paar Raffinements in Dosen oder
Weckgläsern parat halten!

Und den Trick, Tomaten, Eier, Omelette, Salate und
Süßspeisen in neuen Mäntelchen zu präsentieren, finden Sie
in allen Arten Kochbüchern und illustrierten Spezialheften.

Aus einem Fünfzig=Pfennig=Sträußchen läßt sich eine
orgienhafte Tischgarnierung anordnen, und ein Leuchter mit
Kerzen stellt oft Tausende von Volt in Schatten.

Geschmack, Geschmack; Geschwindig=
keit ist keine Hexerei, Phantasie und Er=
fahrung ersetzen Köche und Kellner,
Diener und Paläste.
„Dem Mimen flicht
die Nachwelt keine
Kränze", aber der
Hausfrau des zwan=
zigsten Jahrhunderts
möglicherweise —
und sei es auch nur
einen Myrtenkranz.

Die „En-tout-cas-Dame".

Sind Sie eine solche? Nein? Dann müssen Sie es wer=
den, sofort, auf der Stelle, ohne Überlegung! Sie
verstehen nicht? Ach so — gut, ich erkläre:

Ihr Strumpf reißt — diese entsetzlich langsam quälende,
rieselnde Naht bemerken Sie beim Eintritt in das Leucht=
rondell am Arm Ihres Tänzers — Sie sind keine Sekunde
verwirrt, in Ihrer Tasche ist eine Nadel rosé gefädelt —
an Ihrem Tisch sitzt Fräulein L., die nebenan wohnt und
Ihnen ein neues Paar herüberkommen läßt, oder aber der
Fall liegt so günstig, daß der andere Strumpf schnell unter
dem Tisch auch eine „Laufmasche" dazu bekommt. Weiter:
Migräne — mitten in der Vorstellung. Die Apotheken
geschlossen, keine Pagen vorhanden, aber — die „letzte Frau".

114

In einer Viertelstunde haben Sie das Kopfwehpulver, das Sie jeweilig bevorzugen.

Fünfzig Kilometer vor dem Ziel platzt ein Pneu bei Wolkenbruch. Mißstimmung, nasse Füße, Hetzerei? Keine Spur, im Dorf: Telephon: „Wir kommen später," Besuch bei fremden, aber sicher sehr netten Bewohnern, bis der Regen vorbei oder der Schaden geheilt. Auf der Landstraße? Eine Wolldecke um den zarten Leib, eine Gummikappe über den Bubikopf und Monteurhandschuh über die Maniküren, und „immer feste mit".

Unmöglichstes wird selbstverständlich. Gewitter beim Shopping. Kein Taxi weit und breit, die Omnibusse und Trams überfüllt. Zwei Schritt vor der Dame hält ein Selbstfahrer — der Kavalier muß sich geehrt fühlen, wenn die Dame auch nur den Wunsch äußert, bis zum Kaiserplatz mitzufahren. In der Art, wie sie bittet, was sie vorschlägt und erreichen will, siegt ihre liebenswürdige Natürlichkeit. Der Schaffner wartet, wenn er sie kommen sieht, der Kauf= mann wechselt jubelnd Hundertmarkscheine, der nebensitzende Herr bietet von allein sein Extrablatt an, sogar der Portier schließt von selbst die Haustür auf, der Coiffeur kommt freiwillig nach acht.

Wenn die gnädige Frau sagt: „Das wird gemacht", oder: „Heute um sieben h a b e ich das Buch", oder: „Morgen nachmittag f a h r e ich im ausverkauften Orientexpreß doch nach Budapest", ja wenn sie, wie ich es neulich selbst auf dem Fernbahnsteig beobachtete, eine Minute zu spät zum Zug kommend, den Arm des soeben abwinkenden Stationsvorstehers festhaltend, entzückend kategorisch befiehlt: „Sie warten, bis ich eingestiegen bin", und er wartet wirklich — dann — möchte ich den Fall eintreten sehen, dem sie letzten Endes n i c h t d o c h gewachsen ist!

Das Kapitel von der „letzten Frau".

Es muß erwähnt werden; so schwierig es ist, so wichtig ist es auch. Weil die meisten Damen, es klingt burlesk, aber es ist Tatsache — an dieser sogenannten „letzten Frau" scheitern.

Man sitzt bei Tisch — plötzlich wird eine der jugendlichen Tänzerinnen unruhig, versucht die andere zu hypnotisieren, die das mißversteht und auf irgendeinen vorhandenen oder schon wieder verschwundenen Verehrer bezieht. Endlich wird auch sie unruhig, und da versteht man sich gegenseitig. Nun die Einleitungen: lange Debatten: „Mußtest du nicht telephonieren — ach ja, richtig." „Nein, mein Taschentuch, in der Garderobe — aha, Taschentuch." „Willst du nicht auch das deinige?" Und so weiter. Schließlich der geräuschvolle Aufbruch, dem sich meistens dann noch eine Dritte bereitwilligst anschließt.

Wozu um Himmels willen „tant de bruit pour . . ."? Das, was diskret und unauffällig geschehen soll, wird doppelt betont. Haben Sie schon beobachtet, wie sich die anwesenden Herren belustigen, wenn der Strudel der Damen plötzlich aufbricht? Eine kann nicht ohne die andere. Weshalb? Würde ein sachliches Aufstehen: „Entschuldigen Sie mich einen Augenblick", oder ein Nach=dem= Tanz=Verschwinden: „Ich bin gleich wieder am Tisch", nicht vor= nehmer und geeigneter sein? Wir sind alle keine Engel, also warum so betont — verschämt? Nicht mehr paar= oder trioweise — meine Damen — denken Sie daran!

Und dann: die „letzte Frau" von heute. Die wenigsten haben eine Ahnung. Sie ist der Retter in der Not: Strumpfbänder, Strümpfe, Nähzeug, Ondulationsscheren, Aspirin, Antineuralgikum, franzö= sischer Puder, alle Sorten Parfüme, Nagelscheren und Zahnbürsten, Manikürkästen, Gürtel und Schleier — kurzum ein „Warenhaus

en détail" finden Sie im Souterrain oder wo sie jeweilig placiert ist. Ein kolossal beruhigen= des Gefühl im Strom unübersehbarer Ereig= nisse — die einem die „letzte Frau" mitunter zur — ersten Frau — machen.

Im Beruf.

Noch haben sie nicht die Majorität, aber es wird nicht mehr lange dauern, und die Ärztinnen, Rechtsanwältinnen, Doktorinnen, Direktorinnen, Künstlerinnen überwiegen.

Die Ansichten über den Beruf einer Frau, eines Mädchens haben sich von Grund auf geändert. Dem wohlhabenden Vater imponiert es, wenn seine Tochter selbst in der Lage ist, Geld zu verdienen, um in der Not auf eigenen Füßen zu stehen. Der Mittelstand ging beispielgebend voran. Das unabwendbare „Muß" wurde zum Wegweiser. Die Mädchen setzten ihre Ehre hinein, etwas zu leisten, im Büro, in der Fabrik, im Laboratorium eine Rolle zu spielen, Aufmerksamkeit zu erregen, womöglich schwer ersetzbar zu sein. Dafür verlangten sie mehr Freiheit als bisher. Und das mit Recht. In Amerika nahmen sich die Dollarprinzessinnen ein Beispiel daran. Und wenn sie nicht im beruflichen Leben ihren Mann stellen konnten, setzten sie intensiven Überdurchschnittssport an dessen Stelle.

Der Männermangel nimmt zu. Ein Umstand, der das Interesse der Frau an einer Sphäre, in der sie aufgeht, und in der sie vorwärts kommt, stark unterstützt. Sehr viele wollen gar nicht mehr heiraten. Wenn dieses oft auch nur eine Resignation — entbehrt es auf alle Fälle nicht des logischen Hintergrundes.

Ob Bühne oder Leinwand, Bank oder Universität — sie alle haben ihre Jüngerinnen, die das Leben von zwei Seiten betrachten wollen und in anregender Beschäftigung manchmal mehr Befriedigung finden als bei den ewig heiteren, oberflächlichen Dingen des Daseins.

Nur vor Übertreibungen ist zu warnen! Der Beruf der Frau soll sie nicht vermännlichen, sie nicht zum ehrgeizigen Maskulinum werden lassen, das nur Karriere und Titel sucht. Es darf nicht soweit kommen, wie ein französischer Schwank die Berufstüchtige parodiert, die, ganz als Mann auftretend, nicht nur um die Hand des Sohnes des Hauses bei dessen Eltern anhält, sondern auch vom besorgten Vater schüchtern gebeten wird: „Mein Sohn ist noch sehr jung, bitte womöglich im ersten Jahr keine Kinder!"

„Urahne - Großmutter - Mutter und Kind -"

Wir kamen aus zweitaufend Meter Höhe. Vor uns eine blendend gewachsene Jungenfigur, welche die tollsten Kapriolen auf Schneeschuhen vorführte. Meine Begleiter wurden unruhig: „Donnerwetter, ein raſſiger Fratz." „Ich wette, blonder Wuſchelkopf und braune Augen." „Nach den Beinen zu ſchließen, muß es eine der Tänzerinnen aus dem ‚Casino de Paris' ſein, die neben uns im Palace . . ." „Wollen wir ſie nicht überholen, um genau feſtzuſtellen —" „Sie iſt verteufelt ſchnell und ſcheinbar ein kleiner Satan, denn ſie tut, als ob wir Luft für ſie wären." „Eine Frau muß den Angriff wagen, komm, ſei lieb und fahr vor." Gesagt — getan. Ich erledigte alles wunſchgemäß. Bei meiner Rückkehr beſtürmte man mich a tempo: „Na, wie, kaſtanienrot, blendende Zähne, vierundzwanzig — verrückt, höchſtens neunzehn??" Ich erwiderte wahrheitsgemäß: „Einzelheiten ſtimmen, Alter gegen ſechzig!" Man fiel auf den Rücken.

Dieſe hohe Fünfzigerin war unerhört! Und gerade — nun kommt das paradox Scheinende — ihr Alter faſt das Reizvollſte an ihr. Meine zunächſt enttäuſchten Begleiter machten ihre Bekanntſchaft, und eine Woche ſpäter wurde mir von dem einen vertrauensvoll berichtet: „Von dem neunzehnjährigen Wuſchelkopf wäre ich à la longue vielleicht enttäuſcht geweſen, von dem ſechzigjährigen nicht!"

Das Zeichen der Zeit! Es gibt keine alten Frauen mehr — die Sehnſucht, jung zu bleiben, erfüllbar! Richtet euch danach, ihr Generationen, die Wege ſind euch gewieſen, die Mittel in eurer Hand. Wenn ihr es erreicht, daß man von dem Kind ſagt: „Trotz ihrer fünfzehn Lenze iſt ſie eine vollendete ‚kleine Lady'", und von der Urahne: „Dieſer ſcharmante Backfiſch ſoll ſich einmal umdrehen", dann ſind wir der Unſterblichkeit bedenklich nahe gerückt!

„Oh my Baby . . ."

Selbst die modernste Frau wird zärtlich und weich, wenn sie ein Kind im Arm hält, selbst die leichtfertigsten Anschauungen und Lebensgewohnheiten ändern sich, wenn es um ein Kind geht. Auch zur fortschrittlichen Lady gehört die Sehnsucht nach einem Baby. Ein typisches Zeichen der Zeit, das derselben ein gutes Zeugnis auslegt und beweist, daß wir auf dem richtigen Wege sind.

Das natürlichste Band einer Ehe bleibt das Kind. Es führt zusammen und kettet, überbrückt und entschuldigt. Für ein so kleines Wesen hat man immer Zeit, immer Sinn, immer Interesse. Es geht nichts darüber. Die Zärtlichkeit zu den Katzen und Hunden ist ja nur ein Ersatz — eine Probe, ein Vorspiel. In jeder Frau schlummert Mütterlichkeit, die erweckt sein will. Vorsichtig und mit Liebe — aber dann entfaltet sie sich auch und verschönt Ausdruck und Charakter.

Ein kleines Lebewesen mit Bewußtsein entstehen und groß werden zu sehen, gehört zu den Wunderdingen des Lebens, die immer begehrenswert und erschütternd bleiben müssen — der Mann ahnt es in dem Wunsch, sein Geschlecht fortzusetzen, und die Frau fühlt es, wenn sie neidvoll die Lockenköpfe fremder Kinder streichelt.

Nicht unterdrücken wollen — was sich nicht leugnen läßt. Rührt an der Seele des Mannes und fesselt ihn, ohne daß er weiß, warum; seziert Euer Innerstes, Ihr Frauen von heute, und Ihr werdet empfinden und wissen, daß der Refrain „Oh my Baby" entscheidend in Eure Lebenslaufbahn klingt . . .

119

Zwei Generationen . . .

Schluß mit der Fehde! Vorwärts mit der Verbündung! Liebe Mutter, liebe Tochter, kommt euch entgegen — marschiert zusammen — nicht getrennt und gegeneinander. Ihr erreicht mehr. Auf dem Weg des Verstandes kommt man vorwärts. Die Zeit hat die Schuld, nicht die alte, nicht die junge Generation. Drückt ein Auge zu, wenn die „filia hospitalis" allein mit einem Flirt ins Theater geht oder nach eins nach Hause kommt, obwohl sie um zwölf hätte da sein sollen; dafür übertreibt nicht eure neuen Freiheiten, raucht nicht bis zum Exzeß, macht nicht allzuviel Torheiten auf einmal, ihr Losgelassenen — hört auf die Mutter, die es auf alle Fälle gut meint und sich gern belehren läßt.

Keine unnötigen Lügen — von keiner Seite. Je mehr verboten wird, desto mehr Heimlichkeiten auf der ganzen Linie. Wir wissen das ja alle. Die Briefe werden zu Hause geöffnet, schwupp läßt man sie woandershin adressieren usw. Wozu das alles? Freiheits= gefühle wachrufen, dann nützt man sie nicht aus. Zwang erreicht das Gegenteil, und wo guter Wille, modulationsfähige Innerlich= keit und Liebe fehlen, ist sowieso nichts zu ändern.

Frühzeitig dem Menschen Verantwortlichkeitsgefühl geben, ihn zu einer Persönlichkeit stempeln, der er Rechenschaft schuldig ist. Dummheiten entschuldigen, nicht jähzornig und beleidigt sein, keinen Zweifel in die Erzählungen der Kinder setzen, das verleitet sonst zur Unwahrheit!

Es gibt kein Alter mehr! Fünfzig= und Zwanzigjährige einen dieselben Passionen — die alte und neue Generation zerschmelzen in eine, die Mutter wünscht wie ihre Tochter, die Tochter wie ihre Mutter zu sein — Frieden auf Erden!

Der Sport als Mittel zum Zweck

Vom Endeffekt.

Es ist nicht leicht einen Anfang zu finden, wenn man weiß, daß eigentlich vom Schluß die Rede sein soll — daß eine sogenannte „Bilanz" zu ziehen sein wird, die interessiert, zur Stellungnahme und Diskussion zwingt.

Wie weit mit Sport? Soll die Dame, muß sie, nützt es ihr, schadet es nicht, was spricht dafür, was dagegen — und überhaupt: warum?

Weil sie ihn braucht! Verlassen Sie sich darauf. Ihr Körper ist verändert, nachweislich. Dementsprechend verlangt er andere Behandlung. Bewegung ist Leben. Geht mit Jungsein Hand in Hand. Lenkt ab, zerstreut, macht stabil, widerstandsfähig, härtet ab, und — gute Leistungen versetzen in Rausch, erotisieren den Menschen, eifern an. Aber deshalb kein Fanatismus — nicht nur Sport — nicht nur Meisterin — nicht nur Rekord! Allzu männliche Muskeln, allzu übertrainierte Mienen, allzu einseitige Leistungen lassen kalt und stoßen ab. Laßt eure Siege zu Interpreten und den Sport zum Vermittler werden — seht nicht nur Gegner, die zu bekämpfen sind, nein — auch Zuschauer, die absolute Vielseitigkeit erwarten . . .

Vom Rücken der Pferde, von den Brettern der Skis, vom Skuller und vom Steuerrad, vom Boxhandschuh und vom Centrecourt aus — bedenkt, daß alles nur ein — „Sprungbrett" mehr bedeutet, um in der Welt, in der man sich nicht langweilt — über „Durchschnitt" abzuschneiden!

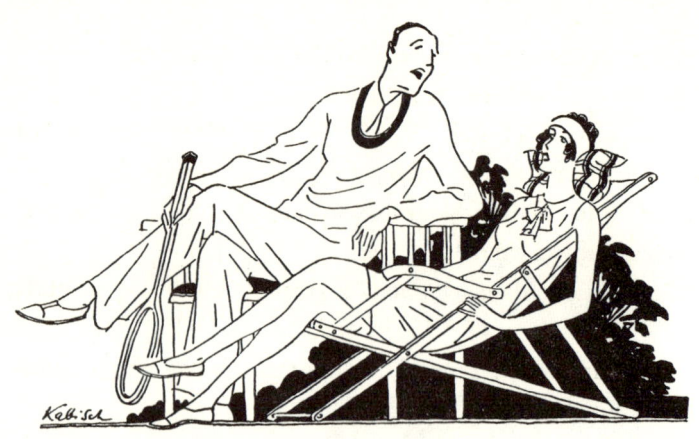

Vom weißen Sport . . .

Ich flüstere Ihnen: Es tut sich was! Wir leben in der
ganz großen Zeit des Cracktums. Hundert neue Klubs
werden gegründet, um tausend kleine „Suzannes" und „Big
Bills" zu erzeugen. Zehntausende strengen sich teils vergeblich,
teils mit Erfolg an, Musterplätze wachsen wie Hochburgen
aus den rotbraunen Decken, und weiße Filzbälle steigen wie
Leuchtkugeln wahrzeichenkündend in den Äther oder an die
Glasdecke der Halle.

Ja, ja — jetzt oder nie. Viele fühlen sich berufen — noch
bedeutend mehr auserwählt. Wo ist der Tennisflirt, der mit
lauwarmer Limonade an einem grünbewucherten Platz auf
einer Gartenbank mit Blumen im Arm neben einer er=
rötenden Blondine sitzt, wo sind die Zeiten hin, wo man ohne
Siege oder gar Meisterschaften in der Tasche sich gänzlich
unerhitzt der bewundernden Cousine nähern durfte, um bei
gemütlichem Hinundhergehen möglichst nah am Netz das
nächste „Rendezvous" zu vereinbaren?

Heute geht es hart auf hart — und der Flirt kommt
entweder nach dem Training oder nur als Extraspiel wäh=
rend des Tennis in Betracht. Ich übertreibe nicht; folgendes

aufgefangene Gespräch bestätigt hier Behauptetes:
(Zwei Freundinnen beim Spiel.)

Ellen: Sieh mal auf, du, da fährt eben in einem neuen Achtzylinder ein guter Flirt von dir vorüber!

Anni (nur Bälle schlagend): Nimm ihn doch, ich servier' nicht zweimal!

Ellen: Grüß' schon, er hat dich erkannt, bleibt stehen, guckt her.

Anni (unentwegt drivend): Schneiden ist das einzige, was ich kann.

Ellen: Dabei liebtet ihr euch so?

Anni (verzweifelt): Immer alles Netz...

Ellen: Weshalb heiratet ihr euch nicht?

Anni (einen Stein aus dem Schuh werfend): Bei so einem Handikap kann man doch nicht richtig!

Ellen: Hielt er nicht um dich an?

Anni: Schluß mit dem Spiel. Sofort ein neues... (aufsehend)... Du sprachst immerfort, ich habe kein Wort richtig verstanden.

Ellen: Ein Flirt fuhr vorbei, wohl ein erledigter Fall.

Anni (schon wieder servierend, abwesend): Erledigter Ball — ja, ja, das gute Placieren, aus oder in?

Ellen (laut lachend): Aus, Anni, ganz aus!

125

Die Hand am Steuer — — —

Sie muß überall die Hand im Spiel haben, warum also nicht auch am Steuer? Sie hat nicht lange gefragt, sie hat danach gegriffen und führt es nun wie ein kleines Zepter. Ohne mit den Wimpern zu zucken, liegen ihre Finger eisenhart um das vibrierende Volant, das dem kleinsten Druck nachgibt, und welches sie mit derselben Willenskraft meistert wie ein Vollblut oder eine Bulldogge.

Auf der Landstraße — in den Boulevards, in den Kanälen, auf der See, im Meer und in der Luft begegnen wir ihr. Zuerst mißtrauisch, mit Bedenken, prüfend: Hat sie Nerven genug, Übersicht, verliert sie nicht so leicht den Kopf wie das Herz, reichen physische Kräfte, psychische Energie? Niedlich, daß sie es versucht, mutig, daß sie nicht zurücksteht, aber wird sie wirklich — gut — zuverlässig??

Unsere Skrupel sind beseitigt — die Praxis beweist es! Sie hat sich durchgesetzt. Man kann es nicht leugnen. Ihr Wille überwindet Meilen, ihre Lust am Tempo gibt ihr Perspektiven. Im Fluge jagt sie ihren Zielen entgegen, entschlossen, stolz in dem Bewußtsein, einen Mann zu ersetzen, ohne ihm zu gleichen.

Früher stöhnten die Nörgler: „Wenn sie mit der Schaltung nur so sanft umginge wie mit ihren Freunden, und mit den Kurven so vorsichtig wäre wie mit ihrer Moral" — heute kann man das Gegenteil erflehen: „Wenn sie mit ihrem Freunde doch so zärtlich wäre wie mit ihrer Kupplung, und in ihrer Moral so großzügig wie in ihren Kurven . . ."

126

Der ver= „herr“lichte Chauffeur.

Im Siebzig=Kilo= meter=Tempo jagten wir hintereinander her — zweimal hatte mich der Mensch schon überholt — aber jetzt hinter der Fähre werde ich einen Vorstoß riskieren, der ihn in den Schatten wirft — ich mit meinem „Sechszylinder", das wäre ja gelacht! Wie blasiert dieser Mann dasitzt, tut so, als ob ich Luft für ihn sei. Er gehört bestimmt zur Kategorie der Frauenfahrerverächter. Aber das stört mich nicht, im Gegenteil — nun will ich es ihm gerade beweisen . . .

Das erstemal holte er mich richtig tückisch und hinterrücks, gleich hinter Pasewalk. Eigentlich waren wir noch halb in der Stadt, in der man höchstens dreißig Kilometer fahren darf — man hätte ihn ebensogut anzeigen können. Man ist ja immer zu gutmütig, aber — offen gesagt — seine phantastische Eleganz erschlug mich! So im Vorbeijagen erhaschte ich sein Profil: kleine Valentinonase, todschicke sandfarbene Wildlederkappe, grauseidenen Staubmantel, „dernier cri". Als sein Vorderrad eine knappe Meterlänge Vor= sprung hatte, lächelte er dünn zu mir herüber, so als ob er sagen wollte: „Schimmerlose Anfängerin". Kindisch sind diese „Herren der Schöpfung" — wegen einer Meterlänge, im Dreißig=Kilometer= Dorf Triumphe zu feiern!

Ich habe es geschafft! Ich zitterte vor Erregung, um ein Haar wäre es schief gegangen, ein Ausweichen schien unmöglich, im letzten Augenblick riß ich den Wagen herum und beschimpfte den Kerl wahnsinnig, daß er so rücksichtslos in der Mitte . . . aber dabei — mein Himmel, d e r K e r l i s t e i n e F r a u, genau so wie ich — nur mit Valentinonäschen, Lederkappe und Seidenmantel. Nichts mit Nelken, Black Bottom, Golfpartie — d e r Ostseeflirt war ein Reinfall!

Als Dame — zum Sechs-Tage-Rennen?

Prolog 1912

„Gnädige Frau — die dritte Nacht. Sagen Sie ‚ja‘, ich bitte Sie!!"

„Ausgeschlossen! Bedenken Sie, Mama, Schwiegermutter, selbst mein Mann würden . . ."

„Gnädige Frau, der tollste Abend: Überrundungen, Jagden, Wertungen, Prämien, Stürze, Favoriten —"

„Es klingt wie Sphärenmusik — aber eine Dame . . .?"

„Gnädige Frau — Sportgirls, Bürgersfrauen, Diplomatinnen, Künstlerinnen im buntesten Nebeneinander, mit fiebernden Augen, bebenden Lippen, winkenden Händen. Zwölftausend faszinierte Menschen — fünfzig Prozent Zuschauerinnen — wie soll ich Ihnen . . ."

„Ich verstehe so wenig davon — man warnt vor der Luft, dem Gedränge, dem Lärm —"

„Gnädige Frau, keine Ausrede. Hier ist Ihr Sperrsitz, um drei Viertel elf wartet mein Wagen."

„Soll ich wirklich zum ‚Sechs-Tage-Rennen‘? Na, gut — ich komme!"

Epilog 192...

Im Tempo unserer Zeit — der große Start der Dame! Volkssport als Brücke für den ersten Schritt. Vor fünfzehn Jahren noch vereinzelt — heimlich — schüchtern — gleich reizvoll verbotenem Genuß. Oder ostentativ, provokatorisch, um Exempel zu statuieren: Asta Nielsen, Gussy Holl, Hedda Vernon als Vorläuferinnen seinerzeit in den „Hallen am Zoo" — bei den großen Sechs-Tage-Ereignissen. Stiftungen des Kronprinzen und sein allabendliches Erscheinen zogen mehr weibliche Welt mit sich. Pelzmäntel — Reiherhüte — Seidenrücken unterbrachen bunt die dunklen Männerreihen. Sagenumwobene Heldentaten der „Meister vom Pedal", die von tausend Sensationen sprühende Atmosphäre hielt in Bann. Bühnenlicht und Scheinwerfer unterstützen Phantasie und Sensibilität der Frau, schneller Bilderwechsel wurde zum ersehnten Nervenreiz.

Und heute? — Ist die Dame nicht mehr „geduldet". In der Sportarena zu Hause wie im Salon. Unterscheidet kundigen Blicks „Reifendefekt" von „Abstoppen", schlechter von guter „Ablösung", „Spurter" von „Sprinter". Antwortet links, zählt rechts: dreizehn Fahrer, konstatiert einen Fehlenden; läßt sich nicht verblüffen, nicht stören, nicht ablenken.

Aufsteigender Embrokationsdunst mischt sich im Riesenraum mit süßlichem Puder und herben Parfümen zu eigener Mixtur. Grauer Bubikopf folgt schwarzem Etonschnitt und brauner Pagenfrisur. Alltägliches versinkt, fleischfarbene Seidenbeinchen strampeln in nervösem Krampf, unter laut tobender Menschenmenge tönen helle Soprane durch: „Die Jagd fängt an, die Post geht ab, hehehehehe..."

Dialog von Heute!

„Gnädige Frau — die sechste Nacht. Sagen Sie..."

„Selbstverständlich! Auch Mama, Schwiegermutter, Großmutter, selbst mein Mann wollen..."

„Gnädige Frau, es wird Ihnen zuviel werden, Überrundungen, Jagden..."

„Reden Sie doch nicht, wo ist mein Platz? Tausend Bekannte warten schon..."

„Gnädige Frau, mein Wagen steht um drei Viertel elf..."

„Ausgeschlossen, viel zu spät, man muß doch zur ‚Zehn-Uhr-Wertung' da sein!"

„— — — Ladies first..."

Iſt Körperkult Sport?

Wenn Sie von früh bis abends in Gymnaſtikſchulen und Rhythmusanſtalten, mit tödlichem Ernſt, ohne Unter= brechung: ... Ja!

Wenn Sie eine halbe Stunde beim Aufſtehen ſich in krümmenden Bewegungen verſchränken, Punktrollen und Maſſage treiben: ... Nein!

Wenn Sie mit Knoten im Nacken, ſchwarzen Freiluftkleidchen barfuß über Wieſen hüpfen: ... Ja!

Wenn Sie Dauerlauf am Strand, Tennis in ſeidenen Jumper= kleidern, Rudern nach Stimmung und Blackbottom ohne An= ſtrengung vorführen: ... Nein!

Wenn Sie täglich mit dem Kalorienbüchlein in der Hand Ihre Mahlzeiten einnehmen, bei Schlagſahne die Hände ringen und bei Halbgefrorenem die Augen verdrehen: ... Ja!

Wenn Sie heute auf die Wage im Kombination, morgen im Bademantel, übermorgen im Pelz und da= zwiſchen einmal nur mit einem Perlenkettchen be= kleidet treten und ſich über das ſchwankende Ge= wicht keine ernſten Kopfzerbrechen machen: ... Nein!

Wenn Sie mit dem Zentimetermaß bewaffnet dreimal täglich Hüften, Bruſt und Waden um= ſchlingen und ſtirnrunzelnd Notizen machen: ... Ja!

Wenn Sie plötzlich mit einem Begleiter der Bewegung halber ſtundenlange Waldſpazier= gänge machen, wenn Sie die Nächte durch= tanzen, um ſchlank zu bleiben, wenn Sie im Wellenbad Ringkämpfe ausführen, oder wenn Sie männliche Kräfte zum Wanken zu bringen verſuchen: Ja, nein, ja, nein, ja, nein – (ad infinitum).

131

Die Golfſüchtige . . .

Erſter Verehrer:
„Sehe ich Sie heute abend bei der Première?"
Sie:

_____

Zweiter Verehrer:
„Ein Idyll von weißen Nelken harrt auf meinem Dachgarten Ihres Beſuches!"
Sie:

_____

Dritter Verehrer:
„Wollen wir morgen zu der großen Auktion von S. gehen — ich habe die drei Subſkriptionsbände für Sie . . ."
Sie:

_____

Vierter Verehrer:
„Reinhold Schünzel erwartet uns morgen nachmittag auf ſeiner Segeljacht . . ."
Sie:

_____

Fünfter Verehrer:
„Harry Pilcer will Ihnen nachmittag perſönlich eine Blackbottomſtunde widmen —"
Sie (kaum ſchwankend):
„Ausgeſchloſſen, ich bin jeden Nachmittag von drei bis ſieben Uhr im Golf- und Landklub —"

Sechſter Verehrer:
„Ehrenſache. Selbſt im Schlaf könnte mir ein ‚ſtymee‘ keine Schwierigkeiten bereiten!"
Sie (elektriſiert aufſtehend):
„Selbſt im Schlaf?! Würden Sie mich vielleicht für dieſe Golfſaiſon heiraten?"

Die auf Eis gelegte Frau . . .

Im Sommer friert sie, und im Winter ist ihr zu heiß — natürlich liegt das nicht an ihr, sondern an den verschobenen Temperaturschwankungen, an denen die Sonnenfleckchen schuld sein sollen. Daher der Zweck des Ganzen: im Sommer den Süden — im Winter den Schnee.

Ich kenne keine Frau, die nicht in „Wintersport" macht. Sobald das Kostüm festliegt, wird entschieden: Schneeschuh, Rodel, Eislauf, oder ganz toll: Eishockey, Bob — nicht auszudenken: „Skeleton"! Die ganz Sportlichen aber, die es jetzt schon mehr und mehr gibt, wissen das schon vorher.

Hose oder Rock ist nicht mehr die Frage: „Telemark" oder „Christiania", „Eiswalzer" oder „Achter", „sunny corner" oder „striker", „Tor" oder „Hals- und Beinbruch" sind die Schlagworte, die kursieren. Kälte und Eissturm, Schneewehen und Hagelschauer schaden nicht mehr dem Teint, noch den Gliedern, im Gegenteil — man hält ja auch ganz andere Sachen aus. Abhärtung marschiert — Verpimpelei zieht nicht mehr. Je frischer, je schwieriger, je aufreibender die Tour, das Training, die Lehrstunde oder das Wettspiel, desto wagelustiger, kecker und übermütiger die Stimmung. Eisgekühlte Geister, eisgekühlte Körper, eisgekühlte Weine, eisgekühlte Erotik??

Schutzhüttenzauber — —

Waren Sie noch nie? Zugegeben, es ist nicht ganz einfach! Anforderungen aller Art treten an Sie heran, wenn Sie nicht außerordentlich wetterfest und schwindelfrei, wenn Sie nicht ganz bedenkenlos und emphatischer Naturfreund, wenn Sie nicht gut touristisch ausgestattet und sich von Ihren entzückend hohen Absätzen oder Ihrem seidenen Jumperkleidchen nicht trennen wollen — dann — lassen Sie es lieber.

Sie müssen riskieren, weniger schön und mehr bei der Sache als sonst zu sein, müssen folgen lernen und im entscheidenden Augenblick keine Furcht haben.

Aber dann — säumen Sie nicht eine Sekunde länger, trauern Sie nicht Ihrer Daunendecke und Ihrem Badezimmer nach — machen Sie sich auf den Weg und freuen Sie sich auf die Nacht in menschenleerer Einsamkeit, dreitausend Meter Höhe, auf den nahen Sternenhimmel, die zum Staunen prächtig aufsteigende Sonne, die eisigen Bergriesen . . .

Matratzenlager und Holzbankpoesie — Petroleumlampen und Schinkenbrote, selbstgeölte Stiefel und aufgebrühte Teemassen atmen großen Zauber aus, verpflichten mitunter stärker und eindringlicher als Louis-Quinze-Schlafzimmer — Mokkadüfte — Champagnerreste und Guerlainparfüme!

135

Concours hippique im Wasser.

Wir scheuen vor nichts mehr zurück, nicht einmal vor dem Wasser. Wir produzieren uns auch in den Wellen mit Schikanen aller Art. Was ist schon Springen, Rutschen, Tellertauchen und Auf=dem Rücken=Liegen?

Pah — da können wir ganz anderes! Wozu haben die Fabrikanten denn die Gummitiere erfunden? Das ist doch eine Art Herausforderung, wie man sie besser gar nicht erwarten kann. Auf zum Gummitierrennen! Erna, Lilli, Ina auf einer Ente, wir drei auf einem Dromedar und die anderen auf einem Tiger, einem Schwein und einem Affen.

Setzen Sie, meine Herrschaften, ich nehme drei Odds auf die Gans — was, Sie glauben nicht? Nun, Sie werden sich wundern! Das Schwein hat einen kleinen Defekt im Bauch, den man beim Aufblasen bemerkte, dennoch wird es sich halten. Die Schiedsrichter sind nicht bestochen und gänzlich unparteiisch. Natürlich machen die Filmstars auf dem Tiger schon wieder Schiebung, auch im Wasser merkt man einen Meter, Handikaprennen ist doch etwas ganz anderes — nicht mogeln, meine Damen — der Toto ist geschlossen, hören Sie das Plätschern der Zuschauer — sind Sie alle fertig — also — los!

Selbst in den Gewässern Sucht nach Rekorden! Sagen= umwobene Beispiele in modernisierter Fassung: „Leda auf dem Schwan" — Siegerin im Concours hippique . . . !

Die Wasserratten.

Es gibt verschiedene Sorten. Die ganz Tollen treiben ihr loses Spiel in den Wellen, auf dem Rücken, Bauch oder seitlich, mit allen Raffinements, mit Tauchen, Springen und Crawl. Heute halten sie es eine halbe Stunde aus, eine Woche später ziert schon der vierte Stern, der eine Stunde bedeutet, die linke Brustseite. Schwimmen können ist Grundbedingung geworden; unter zwanzig Mädchen trifft man manchmal eine, die es erst lernen will. Ja, wenn wir auf allen Gebieten so schnell vorwärts kämen —

Ganz eisern sind die Ruderinnen. Der Frauenachter gewinnt an Bedeutung, der Skuller wird zum Wappenschild der Frau, entweder „auf ihm oder mit ihm". Wunderbar für die Muskeln, die Haltung, die Ausdauer. Amazonen in Turnhöschen in Front —

Doch noch andere Rekorde locken zum Wasser. Weiße Segeljachten ziehen pfeilschnell ihre Linien, fliegende Seidenröckchen, Sonnenbrandbeinchen stehen am Mast oder blicken bedächtig durch das Fernglas. Jungenfiguren in Matrosenanzügen machen sich an den Tauen zu schaffen, ohne ihre Matrosenhüllen sind es zartgegliederte Frauenkörper.

Auf zum Paddeln — Sie können nicht? — aber ich bitte Sie, jeder kann das. Hand anlegen und mutig drauflos. Dafür kommt die blauschimmernde Waldinsel immer näher, dort sitzen schon die anderen, Kartoffelfeuer, es riecht nach „Huhn vom Grill", was Schwielen und Blasen?? Die Wunde schließt der Speer nur, der sie schlug — „vorwärts"!

Vom Walzer zum Blackbottom.

Das Alpha und Omega unseres Ballsaalprogramms, doch was sage ich — Ballsaal? Überlebter Begriff! „Tanzplatte" ist Ersatz geworden, volkstümlicher. In welcher Stadt, welchem Dorf, welcher Sommerfrische gibt es kein Rondell, kein glühbirnenumflossenes Steinfliesenviereck, kein Parkettrund, das Tag und Nacht vibrieren, dröhnen und zittern muß?

Sport? Ja! Etwas, das so geübt, so exakt, dabei so individuell und so musikalisch ausfallen muß, kommt nicht von allein.

Die Saxophonfanfaren blasen Alarm. Die Armee der Seidenbeinchen und Baumwollfüße paradiert ausschlagend, die Ohren lauschen verzückt einem mitreißenden Rhythmus, der zum Affekt treibt — berauschend — vergewaltigend.

Und so geschieht es ... Urwaldmelodien kultivieren moderne Tanzsucht. Bananas, Jazz, Blackbottom sind die Pseudos, die diktieren, und nur als Kontrast, als anmutiger „beau reste" — einer beschaulicheren Zeit bleibt — der Walzer!

138

Die Frau als Zuschauerin.

Sie gehört dazu — an den Boxring, auf die Holzbänke der Sechstagenächte, ins Stadion, auf die Tribünen der Reitkampfarena, unter die Hunderttausende einer Fußballschlacht, kurzum — sie hat dabei zu sein.

Aufreizende Parfüme, zarte Puderdüfte mischen sich mit Rauchwolken, kleine Taschentücher wehen gleich Siegesfähnchen verheißungsvoll in beringten Händen: „Wir sind euretwegen da, wir sind keine Schablonen mehr, wir verstehen etwas davon, wir haben unser eigenes Urteil, nun strengt euch an, wir bangen und beben für euch, aber wir belohnen auch, zeigt, was ihr könnt, unsere Herzen schlagen für euch . . ."

Unwillkürlich putscht diese Wahrnehmung, die unverkennbare Tatsache, diese mittelalterliche Tradition die Ringenden auf — sie wollen sich überbieten, den wirklichen oder symbolischen Lorbeer aus der Hand der jeweiligen Schönen erhalten, nicht der andere vor oder neben ihnen. Der Blick des beinahe erschöpften Boxkämpfers gleitet unwillkürlich zu einem jadegrünen Rockzipfel in der Logentribüne, die Augen des Rennreiters suchen schnell noch die schwarzgekleidete Dame auf der rechten Seite, ehe er zum Sprung ansetzt, der 100-Meter-Läufer wendet kurz vor dem Start noch einmal den Kopf, um sich zu überzeugen, daß eine vornübergeneigte Gestalt die Hände ineinanderpreßt —

Solche leidenschaftumbrandeten Tage und Nächte ziehen ihre weiten Kreise. Roués und Favoritinnen der exklusiven Nachtlokale fiebern danach, den heißen Boden einer „Six-day-Arena" noch in später Stunde zu betreten. Flanieren und Flirt, Anknüpfen und Verabreden gehört zum amüsanten Nebenbei dieser „145 Stunden". Was man nicht alles sieht: schneeweiße Hermeline über staubigen Bretterschlag gestreift, die gewagtesten Dekolletés verlieren mit Eintritt der Morgen-dämmerung ihre Absonderlichkeit, und ein nie dagewesenes Konglomerat merkwürdigster und eindringlichster Dispute zieht sich bis in die fernsten Winkel des Kasinos oder der Wandelgänge.

Unterschiedslos erleben wir „die Frau als Zuschauerin" in allen Städten der Welt — bei allen nur möglichen Er-eignissen und Veranstaltungen. Überall stimmt „das schwache Geschlecht" ausschlaggebend in den Orkan des Beifalls ein — den Effekt steigernd. Das hinreißende Fluidum überkommt die Frau nicht anders als den Mann, wenn sie nach den ersten Resultaten den Stand der Dinge übersehen kann.

„Sie" ist der spannungsladende Pol zwischen dem Lager der Kämpfer und dem Reich der elektrisierten Masse . . .

Auch ein Sport.

Eine Ironie des Begriffs: zum Beispiel „das Bücher=
hamstern". Mann oder Frau — ohne Rücksicht auf ihr
Geschlecht bilden eine Riesenzahl. Man sieht ein Buch bei
irgendwem — man debattiert darüber — kennt es natürlich
noch nicht — war gerade im Begriff, es zu kaufen — bittet
der Einfachheit halber, es zu leihen — nimmt es mit sich —
liest es, mehr oder weniger begeistert — erinnert sich dann
plötzlich nicht mehr, von wem es gewesen war, da viele solche
Bücher herumliegen — tut es gedankenlos oder =voll (je nach
der Sensibilität) zu den übrigen in den Schrank — bei
Gelegenheit würde man schon daran denken — aber — man
„denkt gar nicht daran"! Fertig.

Es geht weiter: zum Beispiel „das Amateurphoto=
graphieren". Heutzutage ausgeübt durch nicht immer
holde Frauenwelt! Sie sind immer schußbereit, immer auf=

dringlich, immer bei den sinnlosesten Begebenheiten zur Stelle, knipsen Händeschütteln dicklicher Verwandten, überfüllte Autos, Ausflugsrestaurants mit Berggruppen, — sie erflehen eine einzige Minute und brauchen eine halbe Stunde, versprechen Postkarten und Glanzabzüge, die Bilder sind aber immer mißraten, da die Beleuchtung nicht ausreichte oder die Kassette nicht aufgezogen war. Entsetzlich! Als letztes: „Sammeln": Der Herr Doktor sammelt Streichholzschachteln, die Frau Mutter Serviettenringe, die Frau Tante Blumenvasen, der Herr Vater Havannaringe, der Sextaner Briefmarken, der Backfisch Eingläser, der Student Strumpfbänder, die Köchin Zigarettenschachteln (aus Blech), die Diva Pelzmäntel, der Snob Fürstennamen und die Frivole Männerherzen! Courths-Mahler-Sehnsucht stirbt nicht aus — im Gegenteil — je mehr Verehrer zu Füßen, desto angenehmer. Wohl der harmloseste idealste Sport — der unerreichbare — der erträumte, denn in Wirklichkeit finden sich keine so dummen Männer mehr! — Im Gegenteil!

Sport und Erotik.

Sie meinen ein Paradoxon? Nein, eine Notwendigkeit! Sport ist Körperlichkeit im Exzeß. Eine Betonung des Physischen mit allem Herausheben und Verstärken derartiger Komplexe. Auch Liebe kann Sport sein . . . Die Grenzfälle sind kaum zu unterscheiden. Haben Sie nicht auch einmal während oder nach sportlicher Anstrengung die süßen Aufregungen sanfter Erotik verspürt? Leugnen Sie nicht, es ist so!

Der Nervenkitzel des Hart=auf=Hart=Gehens, die Sensation des Tempos, die Turbulenz der ständigen Bewegung schaffen einen Nährboden für das Fluidum der Sensibilität aktiver und passiver Natur.

Mit vitalster Macht springen Augenblicksblitze in Sekunden von Eindrücken auf uns über — aufpeitschend, faszinierend, Wünsche oder Erinnerungen weckend. Die hundertprozentige Vorbedingung für „Liebe auf den ersten Blick" . . . Großstadt= lärm. Der Schupo hebt den Arm. Um die Ecke saust dröhnend die schwere Rennmaschine. Auf dem Sozius angepreßt das Sportgirl. Der Rock aus feinem Tuch straff gespannt, Kon= turen zeichnend, weit hoch geschoben. Die langen, schlanken Beine bis zum Unterschenkel „kniefrei" — in zartestem Seidenstrumpf. Oder: silberglitzernder Wasserspiegel. Sonne lastet über den Fluten. Vor der leichten Brise huschen die Segler dahin, an Bord, gegen Bänke und Schlagseite gestemmt, braungebrannte Gestalten in lichtem Dreß. Da — plötzlich — schnellt im Skuller ein weißes Etwas heran, gestählten Armes die langen Riemen durchziehend. Auf dem Rollsitz bei näherem Hinsehen eine rassige Kleine, die pechrabenschwarzen Strähnen im Windzug flatternd. Ganz bei der Sache. Aufleuchtend folgen ihrem Wasserweg begehrliche Augenpaare von hüben und drüben. Schimäre . . .

Die Salzflut der See leckt die Körper, streichelt und peitscht sie wie in schärfster Massage. Die ständige Friktion verlockt zu behender Beweglichkeit. Der scharfe Kontrast versengender Son= nenstrahlen treibt Ströme frischen Blutes durch die Adern. Auf Sandbänken Menschenleiber voll Erwartung, voll Sehnsucht nach irgend etwas, was kommt oder kommen wird, heute — morgen oder irgendwann. Bis ein jäher Hechtsprung alle lethargischen Empfindungen unterbricht. Die spielerische Jagd untereinander, ein Zugreifen, Blickefangen — ein Spiel im Wasser — ein Spiel mit dem Feuer!

Über der roten Decke des „En-tout-cas“=Platzes sauſt der kleine Ball endlos hin und her. Das Weiß der Kleidung hebt die Umriſſe, kurz — überkurz das neue Tenniskomplet. Durchſichtig der dünne Sommerſtoff. Die harten Schlagbewegungen, die blitzſchnellen Wendungen, das momentane Vorlaufen, Springen, Knien und Stoppen finden Ausgleich im konformen Flattern des Rockſaumes. Die atembeklemmende Spannung des Kampfes, die Phaſen des Verlaufs machen aber Äußerlichkeiten vergeſſen, laſſen kaum Gewagtes aufkommen. Nur der Neuling verpaßt Entſcheidendes im Schlag, wenn ſich ſein Blick zur Partnerin verirrt — ihn verwirrt . . .

Majeſtätiſch ſtarren die Zacken der Bergrieſen in das Azurblau. Wie ein Bienenſchwarm das Treiben im hochgelegenen Kurort. Von der Promenade bis zum Waldweg, von der Hotelterraſſe bis zum Saumpfad. Zu früher Stunde ſchon im Anſtieg die alpinen Jünger. Unter ihnen Edelamateure des Bergſports. Die zarten Finger verlieren die Politur, die Knie der Amazonen ſchrammen ſich ab, Abſätze ſind in Gefahr. Ob enges Kletterhöschen oder anliegendes Cheviotwollkleid — gleich anziehend der Anblick für den Nachſteiger . . .

Achtzig Kilometer Tempo — gleichförmig zieht der Acht= zylinder ſummenden Motors ſeine Bahn. Die Augen des Lenkers verfolgen prüfend den Weg, während im Fond . . . Lederhütchen über frechem Jungengeſicht, Strickkoſtüm aus bunter Wolle, derbe Schuhchen und langſchenklige Sportſtrümpfe. Der wechſelnde Luftſtoß umſpielt den kleinen Ausſchnitt, erſchwert Verſtändi= gung — doch wozu Worte? Der Autoſport hat eigene Ge= ſetze!

Zweihundert Kilometer Tempo — der Trumpf des Außer= gewöhnlichen. Sport der Extravaganz. Die Dame am Steuer von geſtern, die Frau von Welt am Knüppel des Flugzeuges oder in der Kabine — von heute. „Vorwärts“ heißt die Loſung. Be= wunderung gebiert Leidenſchaft — Liebe. Das Trittbrett zum Junkers kann zum „höchſten“ Erlebnis führen . . .

Sport wird zum Fundament fortſchrittlicher Annäherung. Reinlich und ehrlich die Impreſſionen, die Auslöſungen der Spannungen, die Löſung der Konflikte. Sie halten es für un= moraliſch? Nein, im Gegenteil — unerläßliche Reaktion gegen verlogene Ballſaalromantik, gegen unäſthetiſche Stubenerotik — das Menſchengeſchlecht auf dem richtigen Wege zur „Kraft und Schönheit“!

Sozusagen im Klub ...

Er ist alles für uns — unser Retter in der Not, unser Ruhe=
punkt, unser Ehrgeiz anstachelndes Ziel, unser Restaurant,
unser Tanzpalast, unser Entspannungspunkt, unsere Telephonstelle,
faute de mieux, auch — unser Schlafraum!

Seitdem wir unsere Klubs haben, ganz gleich, ob es Bridge=,
Ruder=, Golf=, Turn= oder Tennisklubs sind, kurzum, seitdem auch
wir regieren, tun und lassen können, was wir wollen, kommen
und gehen können, ohne zu fragen, „ist es noch schicklich, in ein
Lokal zu wandern", oder „findet niemand etwas dabei, sich mit
den Schwimmern nach dem Abendessen auf der Klubterrasse zu
treffen" — seitdem sind wir sozusagen glücklich.

Wir wahren auch unser Ansehen entsprechend mehr, man läßt
uns ja Freiheit, wir betonen nicht ein allzu männliches Wesen
und übertreiben nicht in auffälliger Kleidung. Wir knallen nicht
mit Biergläsern und Spielkarten auf den Tischen oder setzen uns
in kleinen Ruderhöschen zum Abendbrot nieder. Wir haben das
alles nicht mehr nötig, wir stehen über der Situation, die wir
uns geschaffen haben!

Der Klub ist unser Chaperon, dem wir danken, daß er für uns
da ist, Tag und Nacht. Er tritt für uns ein, schützt uns, bleibt
unser Vertrauter und Berater — er kommt uns entgegen, soviel
er kann, von allen Seiten wird er ausgenützt, es geht manchmal
sogar so weit, daß man achselzuckend über ihn sagt: „Ach was,
‚Klub' ist ja doch nur eine Ausrede!"

Die Rekordsüchtige.

Die Normale: Na schön, drei Stunden trainieren ist annehm=
bar, aber fünf bis sieben — Wahnsinn!

Die Anormale (ihre Tennisschläger spannend): Das verstehst
du nicht!

Die Normale: Dein irrsinniger Ehrgeiz könnte doch befriedigt
sein; sechs Meisterschaften, zehn erste, fünfzehn zweite, acht
dritte Preise — nationale und internationale Cracks zur Dis=
position, selbst der Borotra . . .

Die Anormale (ihre Tennisschuhe weißend): Das verstehst du
nicht!

Die Normale (unentwegt): Du bist absolut charakterlos. Im
Winter umgibst du dich mit Flirts und Verehrern und bist
geistig unterhaltend. Im Sommer bist du männerscheu, viel zu
dünn, stumpfsinnig, sprichst nichts anderes als: „Sechs zu zwei,
sechs zu vier, dritter Satz" — schade um dich —

Die Anormale (ihren Pullover überstreifend): Beim Zeus,
das verstehst du nicht!

Die Normale: Du solltest mit deinem Vetter nach Italien
reisen —

Die Anormale: Unsinn, ich verteidige die Silberschüssel von
Buxtehude.

Die Normale: Schönwalds laden dich Anfang August auf ihre
Segeljacht für acht Tage —

Die Anormale: Ausgeschlossen, Exhibitionskampf gegen Fräu=
lein Meierstein!

Die Normale: Die Autorennen in Baden=Baden — du hättest
Chancen, auch Hubert und Egon . . .

Die Anormale: Hubert? (Eine Sekunde schwankend.) Muß
leider mit Herrn Popelmann mixed spielen.

Die Normale: Schünzel will dich versuchsweise in einem Film
auf die Leinwand werfen —

Die Anormale: Und der Tennistrainer will mich binnen drei
Wochen „suzanneähnlich" machen —

Die Normale (wütend): Du bist ja übergeschnappt, du hältst
dich für begehrenswert, männlich und temperamentvoll und
vergißt wegen des blöden Tennissports sogar alles Erotische!

Die Anormale (ihren Tenniskoffer nehmend): Das verstehst du
nicht, Tennis ist die höchste Erotik!

Vom ersten und letzten Schritt der Dame

Vom Alpha zum Omega . . .

Gibt es erste — gibt es letzte Schritte der Dame? Oder bildlich: Bunte Gymnasiastenmützen leuchten zwischen Fliederbüschen unter geöffneten Villenfenstern, eingeschlafene Erzieherinnen werden überlistet, Abschied an Parkwegen und Gartenpforten wird zum Symbol, Konditoreien treten in Kraft, am Telephon werden Schlagworte gewechselt — Studentenlieder in Sommernächten, Tanzstundenzirkel, Sportplatz als Stelldichein, Steigerung der Affekte durch äußere Geschehnisse, bei graumelierten Schläfen ebenso wie bei Jungenphysiognomien, das alles können noch die ersten Schritte sein!

Und die letzten? Die jeder Frau durch Naturgesetz vorgeschrieben . . .? Weich gepolsterte Lehnsessel, bläuliche Zigarettenwölkchen, nervöse Finger, die an hundert Dingen spielen, beiseite geschobene halbgeleerte Gläser — so beginnen die letzten Schritte . . .

Weit entfernt vom Schema lassen wir alle Möglichkeiten offen. Die Dame geht sie, die ersten und die letzten — mit der gleichen Grazie und Sicherheit, unbewußt — vorzüglich in der Haltung, die nichts verrät, keine Aufschlüsse gibt, nur Vermutungen anregt. — Sie wird sie gehen, aber das „wie" ist entscheidend. Sie hat die Macht, dem Ehegatten ein Paradies vorzuzaubern, wo nur eine Wohnung ist, und Illusionen zu wecken, die nun einmal zu den letzten Schritten gehören. Aber dennoch sind vielleicht die Spannen Zeit, die zwischen den ersten und den letzten Schritten liegen — schöne Leserin —, die glücklichsten!

151

Mädchen oder Frau?

Gar kein heikles Thema — offen und ehrlich anzufassen — der Wahrheit ins Gesicht gesehen, falsches Schamgefühl abgestreift, Tatsachen gegenübergestellt!

Genau so gut kann man fragen: Ehe oder freie Liebe? Gerade weil wir die Großmutterzeiten hinter uns haben, gerade deshalb soll nicht übertrieben und nichts kleinlich beurteilt werden. Die Frau hat eine andere Stellung als früher, sie ist beruflich oder sportlich tätig, sie ist nicht mehr behütet, im Haushalt gefesselt, ihr Wissen, ihre Interessensphären sind erweitert, sie ist Kamerad, Frau, Geliebte, Mutter in einer Person. Sie hat das Recht und die Sehnsucht nach mehr Freiheit als früher. Ob sie sie ausnutzt, und wie weit — ist ihre Sache.

Die Frage ist überflüssig, ob es recht ist, daß ein Backfisch „seine Liebhaber wechselt", es ist schade und übereilt, wenn die Achtzehnjährige unter jeder Bedingung „erleben will und muß", aber wenn das fünfundzwanzigjährige Mädchen mit dem Mann, den sie kennt und liebt, befreundet ist, hat man kein Recht mehr, moralische Urteile zu fällen.

Das Nichtgebundensein steigert Gefühle, das Sichnicht-sicher-Fühlen macht aufmerksamer, liebenswürdiger, devoter. Es gibt sicher Menschen, die das nicht entbehren können. Das Geborgensein, Ausruhenkönnen und „Zuhausefühlen" sind die Privilege der Legitimen. Glückliche Ehen sind selten, gute Ehen existieren. Wenn eine Ehe beides ist, schlägt sie alles Illegitime. Nun urteilt selbst, Vorschriften sind nicht am Platz, gekämpft wird so und so, Hauptsache, man kommt zum Ziel —: „Jedem das Seine!"

Vererbungspraxis.

Wenn ich einmal heirate, muß mein Mann meine körperliche und geistige Ergänzung darstellen, damit wir fehlerlose Kinder in die Welt setzen!" (Meist unerfüllbare Sehnsucht gescheiter Frauen.)

„Wenn ich einmal Kinder habe, will ich ihren Charakter und Körper nach verschiedenen Vorbildern großzuziehen versuchen." (Ideale der Kinderlosen.)

„Wenn meine Kinder groß sind, wird die Welt staunen. Schon heute sind sie mit Wundern ausgestattet — ohne Konkurrenz, von unglaublicher Schönheit und unübertrefflicher Intelligenz." (Selbstlügen blinder Mütter.)

Gerade in diesen Fällen ist der Wunsch noch weniger Vater des Gedankens als irgendwo anders. Man hat es nicht in der Hand — man zieht das große Los oder nicht. Je mehr man darauf achtet, sich's suggeriert und wünscht, je besser kann es ausgehen, aber es muß nicht sein.

Eine preisgekrönte „Miß Amerika", die Vollendung an Anmut und Linie, schrieb an Bernhard Shaw einen Brief: „Von mir sagt man, ich sei die schönste Frau der Welt, und Sie hält man für den geistreichsten Mann der Erde. Wollen wir uns heiraten, um die prächtigsten Kinder unseres Zeitalters zu erzeugen?"

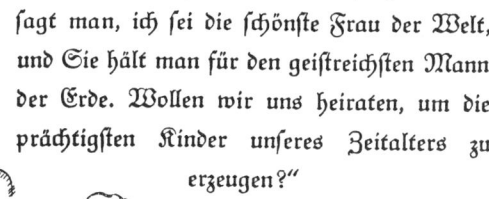

Wissen Sie, was Bernhard Shaw geantwortet hat? „Vielen Dank für Ihren Vorschlag, aber was geschieht, wenn die Kinder meine Schönheit und Ihren Verstand bekommen?"

153

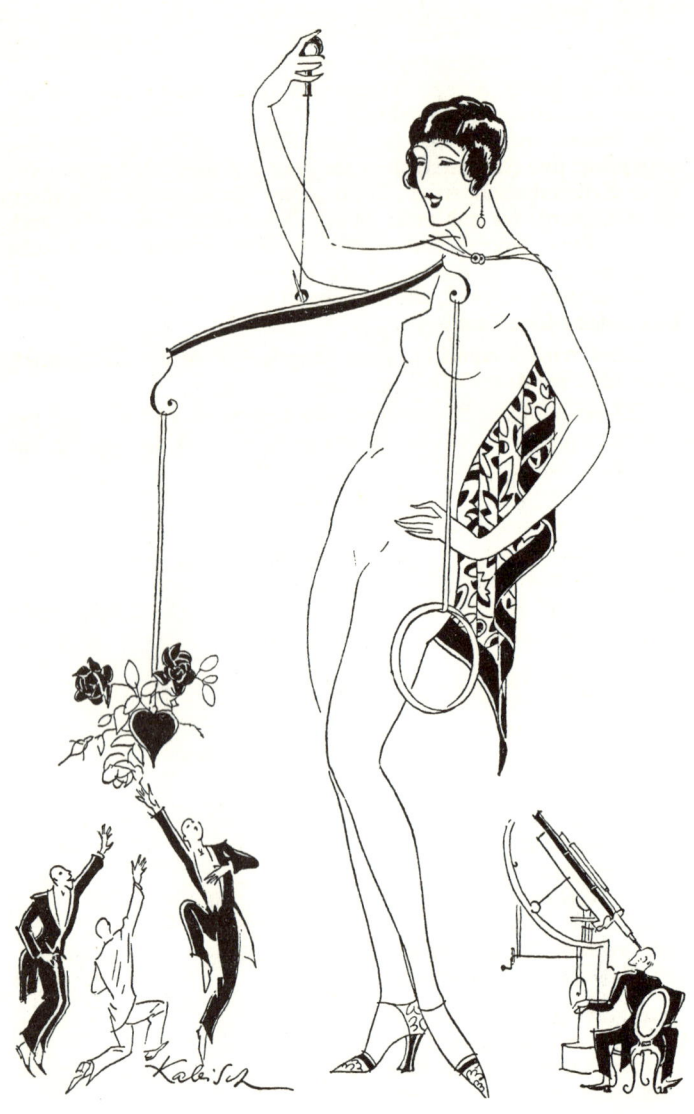

Iſt es meine Schuld?

Man ſagt: „Natürlich die Männer, ſie fangen an, ſie hören auf, ſie ſpielen mit uns (wir nicht etwa mit ihnen, ausgeſchloſſen, wir nehmen alles ernſt!), wenn ſie uns genügend ausgenützt haben, werfen ſie uns fort (fortwerfen iſt der typiſche, immer wiederkehrende Ausdruck)! Im umgekehrten Falle haben wir immer recht, wenn ſie ſtumpfſinnig, geiſtlos, langweilig, ungepflegt ſind (das merkt man meiſtens erſt vier Wochen zu ſpät), iſt es Selbſterhaltungstrieb, ihnen „adieu" zu ſagen. Nur ſie dürfen es nicht zuerſt, nie und unter keiner Bedingung. Wenn aber doch, gibt es keine Gnade, kein Verſtehen, keine Einkehr, ſelbſt nicht, wenn ein Brief ſo ſcharmant, ſo ſpöttiſch und ſo wahr und ſo belehrend geſchrieben iſt, wie man ihn in den „liaisons dangereuses" von Lenclos leſen kann:

„Alles wird langweilig, mein Engel, das iſt ein Naturgeſetz; es iſt nicht meine Schuld."

„Wenn mich ein Abenteuer heute langweilt, das mich ſeit vier tödlich langen Monaten ganz und gar in Anſpruch genommen hat, iſt es nicht meine Schuld."

„Wenn ich, zum Beiſpiel, gerade ebenſo leidenſchaftlich als du tugendhaft geweſen bin, und damit iſt viel geſagt, dann iſt nicht zu verwundern, daß eins zur ſelben Zeit zu Ende iſt wie das andere. Es iſt nicht meine Schuld."

„Heute verlangt eine Frau, die ich bis zur Bewußtloſigkeit liebe, ich ſolle dich opfern. Es iſt nicht meine Schuld."

„Ich ſehe ein, daß dies eine gute Gelegenheit iſt, über Eidbruch zu ſchreien; aber wenn die Natur den Männern nur Beſtändigkeit verliehen hat, während ſie den Frauen Hartnäckigkeit gab, iſt es nicht meine Schuld."

„Glaube mir, ſuche dir einen andern Liebhaber aus, wie ich mir eine andere Geliebte ausgeſucht habe. Dieſer Rat iſt gut, ſehr gut; wenn du ihn ſchlecht findeſt, iſt es nicht meine Schuld."

„Lebe wohl, mein Engel, ich habe dich mit Vergnügen genommen, ich verlaſſe dich ohne Bedauern: vielleicht komme ich zu dir zurück. Das iſt der Lauf der Welt. Es iſt nicht meine Schuld."

Der „Typ".

An mondänen Weltstätten gedeiht er besonders gut. Dort ist er geradezu unvermeidlich. Man findet ihn auf Zuschauertribünen, auf Bobs, in lichtgedämpften Bars und parfümdurchwogten Hotelhallen.

Beiderlei Geschlechtern ist er bestimmt. Manche verleugnen ihn, sagen, „sie wären über den Nonsens eines ‚Typs' hinaus"! Das stimmt nicht. Der weiterhin glattrasierte Elegant weiß genau, daß er durch den flüchtigen Gang einer hellblonden Überschlanken irgendwie berührt wird — angezogen — hinsehen muß —, und diese leichte, angenehme, noch unausgeprägte Unruhe ist symptomatisch.

„Sie", die dunkeläugige Brünette, der „Darling" in dem süßen Tigerfell, die große „Schönheit" im brillantblitzenden Abendkleid wird abgelenkt, sensibler, lebendiger oder einsilbiger — aber verändert sich augenblicks, wenn ein braungebrannter Golfer oder ein feminin angehauchter Künstler — im Frack eine unerhörte Linie verratend — lässig oder blasiert zum Diner schreitet. Unwillkürlich bewegen sich ihre Lippen: „Endlich wieder ein Mann, der . . ." Instinktiv geahnte Wahlverwandtschaft, kennzeichnend für die Gattung: „Typ".

Sein Schicksal ist meist sehr unbestimmt. Er pflegt sich nicht lange zu halten. Oft spielt er eine nur kurze, aber glänzende Gastrolle und wird leicht von einem noch „typischeren" abgelöst. Der Geschmack wechselt mit dem Tempo der Zeit. Man legt sich ungern fest. Wahrscheinlich auch aus Nächstenliebe! Was gestern schwarz war — lockt heute kastanienrot.

Doch es gibt auch beständige, deren Typ Lebensdauer hat. Man legt die Erfüllung ungestillter Wünsche in ihn, hegt ihn mit liebevollster Phantasie: „Ach, Jonny würde immer für mich ans Telephon gehen, fabelhafte seidene Hemden tragen, je nach Stimmung Blumen auswählen, von

Kleidern und Pelzen begeisterter sein als ich, stürmisch heißeste Liebeserklärungen zur richtigen Stunde anbringen, mit dem Oberkellner das Menü verbessern, beim Friseur geduldig zwei Stunden lang Zeitung lesen und so ..."

Die Männer denken bedeutend nüchterner — wahrscheinlich skeptischer. Ihr Typ muß weniger vielseitig als außerordentlich einseitig sein.

Immer wieder glaubt man, den Typ zu finden, immer wieder stellt sich das Gegenteil heraus: In der entscheidenden Sekunde ist er zu vergnügungssüchtig oder zu uninteressant, spielt kein Bridge, tanzt keinen „Black", ist immer auf Reisen, hat schlechte Manschettenknöpfe, haßt Karnevalsfeste oder — ist bereits anderweitig allerstrengstens gebunden ...

Doch deswegen resigniert man nicht. Im Gegenteil, man sucht weiter. Schenkt dem Typ neue Qualitäten, modernisiert ihn oder gibt ihm eine bürgerlichere Note. Einmal trifft man bestimmt auf ihn! — Dann will man ihn kultivieren. Das ist das Allerschlimmste! Das ist der Tod des Typs! Er verändert sich umgehend. Entwickelt sich zum Umgekehrten, widerspricht, hat eigene Ansichten, miserablen Geschmack, wird von jedem bißchen nervös, markiert Heimlichkeiten oder hat alle paar Stunden Migräne. Man schlägt die Hände über dem Kopf zusammen: „Wie konnte ich nur!" Es gibt heute noch Frauen und Männer, die ihren Typ heiraten wollen — sprechen wir nicht darüber ...

Der Typ ist im Leben der Menschen das, was der Sekt beim Essen ist. Man sehnt sich mitunter nach ihm und seiner Aufmunterung, seinem schäumenden, prickelnden Rausch und ruht nicht eher, bis man ihn bestellt hat. Dann nippt man einige Male begeistert an ihm und — ist eigentlich schon zufrieden. Je mehr man von ihm nimmt, desto weniger bekommt er.

Ja, es ist mit dem „Typ" genau wie mit dem Champagner. Beide sollten von Anfang an „kaltgestellt" werden.

Der Tod der Kokotte . . .

Sie war eine Illusionistin des Daseins, eine Vabanque-künstlerin gleichermaßen auf spiegelndem Parkett des Ball-saals wie im virtuosen Spiel mit gefahrvollen Situationen. Für ihre vom Schleier der Geheimnisse umhüllte Mission geboren und von Erlebnissen noch fester geformt. Nur selten sprach man von ihresgleichen, oder — sie war in aller Mund. Im Grunde ge-nommen füllte sie eine Lücke in der sozialen Ordnung aus und konnte „über Nacht" Trümpfe in die Hand bekommen — wie sie so schnell nur wenigen Frauen von den Wechselfällen des Glücks geboten werden.

Ihr Platz war — im übertragenen Sinn — mehr hinter den Kulissen und nur seltener auf offener Szene im Rampenlicht der großen Weltbühne. Wenn sie aber, die ehernen Fesseln der Kon-vention durchbrechend, sich Geltung errungen hatte, konnte die „grande amoureuse" in ihrer Stellung in die Nähe des Mittel-punktes unserer Gesellschaft rücken — der „grande dame". Beide haben im Krieg und nachher ihre Krisen durchgemacht, aber nur die Dame ist aus dem Niedergang wieder auferstiegen. Die Kurtisane aber hat das Schicksal zum Sterben verurteilt. Die Spezies verschwindet vom Tummelplatz der Sensationen und findet sich nur noch in stark östlichen Zentralen.

Hat Inzucht oder Überflüssigkeit sie dahingerafft, oder sind die Unterschiede der gesellschaftlichen Klassifizierung, die ihren Auf-stieg einst begünstigten, gar zu sehr verwischt? Nach außen hin mußte die fundamentale Umwälzung im Wesen der Frau von heute alle Verschiedenheiten im Auftreten, Kleidung, Ton und Be-wegungsfreiheit ausgleichen. Gibt es noch eine Grenze, die nicht berührt oder sogar überschritten wird, nicht ladylike wäre? Tages- und Nachtzeiten bilden kein Bollwerk mehr. Man trifft die Gattin des Industriellen ebenso wie die selbständige Tochter des Justizrats oder die junge Schauspielerin und Meisterin des Sports in den mondänen Nachtlokalen, mitunter nicht einmal nur in größerem Kreis am Arm ihres Gatten. Ob Revue oder Mitter-nachtsvorstellung, Bar oder Kostümfest, Atelierekstase oder Sechstagerennen — immer die gleiche Wahrnehmung. Nur der erfahrene Routinier, die Spürnase der wirklichen Frau von Welt vermag Talmi von Echt zu unterscheiden. Und das oft auch erst nach eingehendem Studium. Die Bereiche gehen mitunter inein-ander über — in Badeorten, Rennplätzen, in Weltstädten und Expreßzügen.

Die stillschweigend legitimierte Illegitime hat mitgeholfen, der Konkurrenz der Kurtisane das Lebenslicht auszublasen. Wir sind ja so fortschrittlich geworden. Fürstinnen können Fürstinnen sein oder nur scheinen, distinguierte Amateure sich als Professionals entpuppen — heute kann der (oft unverschuldete) Ruf des „Freidenkertums" eine Dame nicht mehr so ganz vernichten wie ehedem — zumindeſt wehrt man ſich oſtentativ dagegen. Natürlich trügt der Schein. Es iſt zwar nicht alles Gold, was glänzt — aber auch nicht alles demimondän, was ſo ausſieht. Im Zeitalter des betont Körperlichen, der intenſiven Sportpflege, der nivellierenden Entwicklung der Kleidungsmode und des geſamten „make-up" hat manches den erotiſchen Hauch für uns verloren. Welche Daſeinsberechtigung beſitzt noch, überhaupt beiſpielsweiſe ein Separée? Höchſtens, um einer Überempfind=lichen als Zuflucht im Chaos der allzu vielen Möglichkeiten zu dienen.

Und dann: die Männer! Bequemlichkeit regiert die Sinnenluſt! Kavaliere des „ancien régime" fanden es überaus reizvoll und apart, Stunden ihres Lebens neben anderem der ſtufenweiſen Einführung ihrer mehr oder weniger vorübergehenden Erwählten aus dem „ſchlichten" Volk in die Gepflogenheiten vornehmer Eleganz zu widmen, bis der Schmetterling aus der Puppe ſelbſt=ſicher zum Licht flatterte. Der Gent mit dem Achtzylinder kennt ſo etwas nicht mehr. In der Epoche des Radio iſt Blitzesſchnelle Loſung. Er will Fertiges vorfinden oder Hinderniſſe ſich ausleben, nicht Mentor ſein, ſondern womöglich noch geleitet werden. Wer könnte ihm das beſſer geben als die Frau aus der eigenen Sphäre . . .

Arme Nana, arme Kameliendame — man braucht euch nicht mehr. Vielleicht mußte es ſo kommen und hat nichts mit der oft erörterten Frage zu tun: Iſt die moderne Frau weniger anſtändig als früher? Wie falſch iſt dieſer Vergleich! Die Frau unſerer Tage iſt nicht mehr oder weniger anſtändig — ſie iſt anders, offener, mutiger und leiſtungsfähiger, ſie ſieht gegebenen Tat=ſachen feſt in die Augen, und es bleibt ihren Gefühlen und Wünſchen überlaſſen, Grenzen ſich ſelbſt oder nur vor anderen zu ziehen. Die erotiſche Emanzipierung, Bewußtwerdung der Frau hat Nana getötet.

Das moderne Dreieck.

Das Liebäugeln mit äußeren Formen verdeckt vollzogene innere Umstürze. Madame regiert — oder vielmehr, sie ist auf dem Wege dazu. Die zwangsläufige Linie hat von Amerika her an den Ufern des Weltmeeres nicht haltgemacht und die Kultur des alten Erdteils durchsetzt. Nicht Gentlemen, nein, „ladies prefer blonds, browns or blacks" ist die Losung, das „ladies first" ist keine Höflichkeitsfloskel mehr, sondern bittere Wahrheit, die schlagartig Schatten wirft.

Berufe und Sport sehen das Vorrücken der Frau, ihre Interessensphäre ist unendlich erweitert, so wie sie mit fester Hand das Steuer ihres Sechszylinderkabrioletts, die Zügel ihres Reitpferdes im Tattersall ergreift, so führt sie den Operngucker zielsicher vor die schwarzgeränderten Augen, wenn es gilt, bei der Première im Theater Umschau zu halten. Der Habitué hat in den Amazonen des Salons seinen Ersatz gefunden. Neben müden und gelangweilt gähnenden Männern blickt die Frau im Logenfauteuil mit brennenden Blicken auf die Bühne und konstatiert mit treffsicherer Routine und objektivem Geschmack die Anmut der Revuegirls . . .

Nicht anders auf der Straße. Paſſantinnen, die ſich begegnen, muſtern ſich kritiſch auf etwaigen hervortretend-eleganten Anzug. Neidgefühle ſind in Geſchlechtsſtolz umgewandelt, der die Frau von Welt zur Umſchau veranlaßt, wenn gutausſehende Geſtalten vorüberſchreiten.

Erhöhte Anforderungen an die Bedürfniſſe haben den Mann ſtärker mit Arbeit belaſtet. Ohnedies ſchon rar, iſt er ſo oft fern dem Heim, daß es zur Gefahr für die Frau wird — iſt dieſe doch hübſcher, geweckter, jünger und ſenſationsſüchtiger denn je. Sie will erleben und hervortreten, allenfalls bewundert werden. Mit wem zum Nachmittagstee, zum Golf oder Polo, zum Tennis-turnier, Shopping oder Kunſtausſtellung. Es bleibt alſo: eine Freundin, die unentbehrlich und zur Selbſtverſtändlichkeit wird.

Beſonders Paris — tonangebend! Der Einfluß Dollariens wird merklich — in jeder Hinſicht, beſonders in den modernen „ménage à trois". Umkrempelung aller gewohnten Begriffe. An Stelle des Hausfreundes tritt die Hausfreundin. Das ſpitzwinklige Dreieck iſt gleichſeitig geworden. Monſieur drückt zu den veränderten Verhältniſſen ein Auge feſt zu, mit dem andern blinzelt er ver-ſtändnisvoll und bewundernd zu den neu arrivierten: Mabels, Anns, Janes, Gladys und Dorothys .. Neohellenismus 192..!

Auf Schritt und Tritt trifft man dieſe beliebten Konſtellationen — früher waren es ſeine Skatfreunde, heute ſind es ihre Bridge-partnerinnen, die den Ton angeben. War einſt eine würdige Dame mit Gläſern und Häkelarbeit der Inbegriff des „Elefanten", ſo gilt heute ein jugendliches Ehepaar ausreichend als Chaperon. Kein Wunder, daß die freiheitsdurſtigen Mädchen den konven-tionellen Schutz dort ſuchen und finden, um unter dem gewahrten Dekorum eines Verzichts auf Genüſſe der Jetztzeit enthoben zu ſein.

Das Ausland war auch für dieſe Übertreibungen richtung-gebend. Es iſt Ziel der alleinſtehenden Lebedame, ſich durch Ver-bindung mit geſellſchaftlich fundierten Ehepaaren einen „ſcheinenden Anſchein" zu geben, in den Bädern der Adria benutzt die reiche Amerikanerin die Verheirateten als Cicerone in die Dunkel des Ghettos, und in England läßt ſich die ſportlich eingeſtellte, ſelb-ſtändige Lady mit dem befreundeten Ehepaar zur Treibjagd auf den Landſitz einladen. Von da zur Hausfreundin iſt nur ein Schritt. Ob wir denſelben Weg gehen, erſcheint mehr als fraglich. Die ernſtere Auffaſſung über die wichtigſten Dinge des Lebens ſteht dem aufhaltend entgegen!

Was ist Flirt?

Der Engländer erklärt es so sachlich, aber so gut er kann, und meint: „Flirt is attention, without intention", dem Sinn nach übersetzt: „Verbindung ohne intimere Absichten".

Diesen Begriff werden vielleicht viele heute als beleidigend für die Intensität des Flirts auffassen. Dabei ist er in seiner Bedeutung beinahe legitimer als der Ehegatte. Er hat mit Typ nur wenig gemeinsam, der Typ ist als Substantiv aufzufassen, der Flirt als Tätigkeit. Er ist die Folge des Typs.

Zur Sache, zur Sache! Wie weit also — der Flirt? Sind seine Rechte begrenzt, darf er mehr als Blumen, Konfekt, Bücher schenken, wie steht es mit Schmuck und Kleidern, darf er mehr als die Fingerspitzen, den Handrücken, als Handgelenke küssen? Darf er zu jeder Tageszeit anrufen, in Abwesenheit des Hausherrn vorsprechen, nach neun Uhr noch? Wir wollen nicht kleinlich detaillieren . . .

Ich denke, er darf, wenn er ein Gentleman ist, wenn er es nicht heimlich tut, wenn er es für selbstverständlich hält, wenn er wirklich gut Freund ist, wenn seine Qualitäten zur Steigerung des Familienglücks beitragen, wenn . . . Ich glaube, wir haben uns verstanden!

Aber nun einmal zu „ihr" — zu ihrer Lebensauffassung. Ist sie zu streng und altmodisch, wirkt sie langweilig, ist sie zu leicht, erscheint sie abstoßend. Hat sie es nicht schwer, die Arme? Wo findet sie den goldenen Mittelweg? In der Antwort eines Backfisches, die zum erstenmal Wagner zu hören bekommt, nachdenklich zu Hause angelangt auf die Frage, wie es ihr gefallen habe, lakonisch murmelt: „Jedenfalls ist mir mein künftiges Leben klar geworden. Halb Venus — halb Elisabeth!" Und somit beschließen wir dieses Kapitel!

166

Der Erſatz-Mann.

Unſeren täglichen Step gib uns heute" — mag er nun „black", „white", „blue" oder ſonſtwie heißen. „Ein Tänzchen in Ehren kann niemand verwehren", zumal nicht, wenn es ſo zwiſchen fünf und ſieben von Stapel geht. Früher konnte es nie zur Ge= wiſſensfrage werden, ob eine alleinſitzende Dame beim Tanztee einer Aufforderung zu einem Boſton einem Unbekannten gegenüber nachkommen darf. Erſtens: weil das mit dem Alleinſitzen ſchon nicht gegangen wäre, und zweitens: weil überhaupt . . .

Wir haben andere Maßſtäbe heute! Iſt es nicht ein Unding, auf etwas verzichten zu wollen, was Spaß macht, nur weil zufällig der Gemahl, Bruder, Flirt oder Vetter nicht zur Seite am Tiſch ſitzt? „Er" hilft aus der Verlegenheit, der in Paris geborene „Gigolo", Gentleman=Eintänzer von Beruf. Es gibt deren ſolche und ſolche. Die Meiſter ihres Faches laſſen Kavaliere von Format erblaſſen, und jede elegante Frau kann ſich ſeinen Armen anvertrauen, auch wenn die Geldnote ernüchternd von Hand zu Hand kniſtert.

Doch — eine Reihe ſolcher jungen Leute ſteht unter ihrer Pro= tektion. Und eine Dame, die auf ſich hält, wird ſich überlegen, ob ſie dem Sendboten des „maître de plaisir" eine Runde kon= zedieren ſoll, ſelbſt wenn ſie noch ſo großes Verlangen nach einem Tango in ſich trägt.

Vielleicht ſind die mißtrauiſchen Blicke, mit denen oft die Ehe= gatten den modiſch beſmokingten Gigolo an ihren Tiſch heran= tänzeln ſehen, nicht ganz ſo unberechtigt, denn die verpflichteten Tänzer, deren Qualitäten meiſtens in ein paar exkluſiven Schritten, einem tadelloſen „evening dress" im Verein mit guten Manieren beſtehen, ſind von allzuvielen Frauen geradezu darauf dreſſiert worden, ihre Aufgaben auf weitere Gebiete zu übertragen. —

Und was, wenn andere fremde Herren einen Tanz erbitten? Soll man — oder nicht? Auch hier wird wiederum Umgebung und Sitte ein Wort mitſprechen. Eine ſonſt ſelbſtverſtändliche Abſage im vornehmen Hotelreſtaurant kann andernorts zu einem harten refus werden, das vielleicht zu vermeiden iſt. Kurzum, die Frau von Welt darf in Ausnahmefällen, ohne offizielle Vorſtellung, einen Tanz verſchenken, wenn es in der jeweiligen Umgebung ſo üblich iſt — niemals aber wird ſie hierzu verpflichtet ſein!

Ehegatten unter sich . . .

„Nerven" und „Krachs" sind Schlagworte. Um Gottes willen warum? In unsern Tagen solcher Nonsens! Wenn man zusammenlebt, muß man sich aufeinander einstellen, und, verlassen Sie sich darauf, es geht.

Man ist doch Egoist — aus diesem Grunde altruistisch. Man erspart sich gern Aufregungen, Ärger und Unruhen. Das macht häßlich und unsicher. Ergo: allein leben ist meist zu langweilig, lebt man schon zu zweit, und ist es bisher gegangen, geht es zweifellos auch weiter. Wenn man nur will — aber meistens hat man Lust, zu sticheln oder zu ärgern.

„Aha, die Kohlenrechnung, zum zweitenmal, wer ist der Unordentliche?" „Natürlich, der Hund wieder nicht herausgelassen, man muß nur eine Stunde abends fort sein!" „Die Hausschlüssel liegen immer im Entree — in meiner Tasche?? Jede Wette, daß nicht, dann hast du sie mir eben hineingetan!" „Das Telephon ist nach hinten gestellt, welcher Idiot tat das wieder —?" „Diese persönlichen Beschimpfungen verbitte ich mir" und so fort . . . Wir kennen das ja alle.

Aber wenn man will — Höflichkeit voran! Ein verblüffendes Rezept, man wähnt sich dann nicht mehr verheiratet, es liegt eine ganz andere Stimmung in der Luft. Ich kenne einen vollendeten Ehegatten. Dieser ist nie erstaunt, ärgerlich oder aufgebracht. Alles sagt er mit einem gütigen Lächeln, er entwaffnet dadurch, er beherrscht jede Situation. Einmal warf seine temperamentvolle Gattin im Affekt eines Gesprächs, das von seiner Seite ohne jede Erregung geführt wurde, eine Meißner Parfümlampe in die Gegend. Galant sammelte der höfliche Gatte die Scherben, sagte tröstend: „Sei nicht traurig, ich bringe dir morgen eine neue, es kann leicht passieren, daß einem so ein Ding aus der Hand gleitet!" Am kommenden Tag wird mit einem duftigen Blumengruß eine eiserne Parfümlampe überreicht mit der Anschrift: „Für künftige Fälle unzerbrechlich!" Die gnädige Frau war ein wenig verlegen!

Seht ihr — so!! Entwaffnet durch Scharm, Höflichkeit, Liebreiz. Ihr erreicht mehr als mit Wut, Raserei und Schreien. Überbrückt die Differenzen mit Anmut, so daß man gewandt zu dem Schluß kommt: die Ehe ist zwar ein Krieg, aber eine wahrhaft ideale Schlacht, wenn sie zu einem „combat de courtoisie" wird!

169

Im Feuergefecht des Seins.
(Eine Antwort.)

Ein Brief wies mir den Weg. Auch ich hielt mich für tot — für überholt, uninteressant, rückständig, nur vergangenen Dezennien bestimmt. Oder aber — für indiskutabel, für Talmi, hypermodern, unmöglich.

Sie haben mich eines Besseren belehrt. Ich bekam unerhörte Lust: aufzuerstehen, Unerwartetes wahr zu machen, Ziele ins Auge zu fassen, Karrieren zu sehen.

Es ist gar nicht so schwer. Überall lauern Möglichkeiten, mehr denn je. Zugreifen, zupacken, mit offenen Augen die Welt betrachten.

Zum Vorbild werden — Generationen folgen. — Die Monarchie der Dame ist im Entstehen, ein Reich, weder zu stürzen, noch zu überflügeln. — Die „Dame ist tot — es lebe die Dame!"

———

170

Anzeigen des Verlages

„Herr der Schöpfung!"

(Vor Aufgehen des Vorhangs.
Letzte Kontroverse im Parkett.)

Sie: . . . nein, mein Lieber, es gibt keinen „Adam in der Vollendung"! Vergleichen Sie einmal: Paris, Petronius, Ovid, Tristan, Romeo, Walter von der Vogelweide, Don Juan Casanova — sie wandelten sich in: Dandies, Snobs, Gents, Ladieskillers, kurzum in vauriens. Was für ein Rückzug, welch traurige Perspektive!

Er: Nicht gleich so heftig und vorwurfsvoll! Kritik bedingt stichfeste Begründung. Eva als Staatsanwalt, allzu strenge Richterin unserer Schwächen, eigenmächtige Herrscherin . . .

Sie: Absolut ungewollt, gar nicht eigenmächtig. Da „er" nicht mehr wollte, griff „sie" eben zum Zepter.

Er: Wie beweisen Sie das?

Sie: Ein Blick in die Welt genügt!

Er: Vielleicht ging alter Glanz zum Teufel, zugegeben. Doch wir nähern uns bereits neuen Grenzen. Mißachtete Kultur droht mit unserem Bankerott. Verabsäumtes wird nachgeholt, seien Sie überzeugt. Ihr Frauen gingt zwar voraus, leichtfüßig und erfolgreich — wir folgen noch bedächtig, aber bewußt, bekehrt und fest entschlossen, euch zu überflügeln, die ihr dem Ziel bedenklich nahegerückt . . .

Sie (ihn unterbrechend): Unser sehnlichster Wunsch ist: zurück zum „Herrn der Schöpfung", wie die Natur es befiehlt. Aber ich fürchte, alles Gesagte sind nur Worte, Begriffe, Erwartungen — geben Sie sich ruhig geschlagen!

(Klingelzeichen, es wird dunkel.)

Er (schnell): Geduld, meine Schöne, die Handlung beginnt, „der vollendete Adam" in der Gestalt unserer Tage liegt vor Ihnen aufgerollt — ist in Ihre Hand gegeben — — — da, urteilen Sie selbst!

(Der Vorhang hebt sich*.)

* Als Käufer von „Der vollendete Adam" können auch Sie diesem amüsanten Spiel beiwohnen!